muffins
et petits gâteaux

Photos: Quentin Bacon
Stylisme : Suzie Smith
Traduction: Françoise Schetagne

Données de catalogage avant publication (Canada)
Smith, Suzie
  Muffins et petits gâteaux

  (Tout un plat!)
  Traduction de : Muffins and Small Cakes
  1. Muffins.   2. Petits gâteaux.   I. Titre.   II. Collection.
TX770.M83S6414 2003   641.8'15   C2003-940343-2

Pour en savoir davantage sur nos publications,
visitez notre site : **www.edhomme.com**
Autres sites à visiter : www.edjour.com • www.edtypo.com
www.edvlb.com • www.edhexagone.com • www.edutilis.com

© 1998, Lansdowne Publishing Pty Ltd

© 2003, Les Éditions de l'Homme,
une division du groupe Sogides,
pour la traduction française

L'ouvrage original a été publié
par Lansdowne Publishing Pty Ltd
sous le titre *Muffins and Small Cakes*

Dépôt légal : 2ᵉ trimestre 2003
Bibliothèque nationale du Québec

ISBN 2-7619-1810-X

DISTRIBUTEURS EXCLUSIFS :

• Pour le Canada
  et les États-Unis :
  MESSAGERIES ADP*
  955, rue Amherst
  Montréal, Québec
  H2L 3K4
  Tél. : (514) 523-1182
  Télécopieur : (514) 939-0406
  * Filiale de Sogides ltée

• Pour la France et les autres pays :
  VIVENDI UNIVERSAL PUBLISHING SERVICES
  Immeuble Paryseine, 3, Allée de la Seine
  94854 Ivry Cedex
  Tél. : 01 49 59 11 89/91
  Télécopieur : 01 49 59 11 96
  Commandes : Tél. : 02 38 32 71 00
                  Télécopieur : 02 38 32 71 28

• Pour la Suisse :
  VIVENDI UNIVERSAL PUBLISHING SERVICES SUISSE
  Case postale 69 - 1701 Fribourg - Suisse
  Tél. : (41-26) 460-80-60
  Télécopieur : (41-26) 460-80-68
  Internet : www.havas.ch
  Email : office@havas.ch
  DISTRIBUTION : OLF SA
  Z.I. 3, Corminbœuf
  Case postale 1061
  CH-1701 FRIBOURG
  Commandes : Tél. : (41-26) 467-53-33
                  Télécopieur : (41-26) 467-54-66
                  Email : commande@ofl.ch

• Pour la Belgique et le Luxembourg :
  VIVENDI UNIVERSAL PUBLISHING SERVICES BENELUX
  Boulevard de l'Europe 117
  B-1301 Wavre
  Tél. : (010) 42-03-20
  Télécopieur : (010) 41-20-24
  http://www.vups.be
  Email : info@vups.be

Gouvernement du Québec – Programme de crédit d'impôt pour l'édition de livres – Gestion SODEC.

L'Éditeur bénéficie du soutien de la Société de développement des en-
treprises culturelles du Québec pour son programme d'édition.

Nous reconnaissons l'aide financière du gouvernement du Canada par
l'entremise du Programme d'aide au développement de l'industrie de
l'édition (PADIÉ) pour nos activités d'édition.

tout un plat !

muffins

et petits gâteaux

suzie smith

 LES ÉDITIONS DE L'HOMME

Introduction

Les muffins sont des produits de boulangerie faciles à faire à la maison. Ils exigent un minimum d'efforts et donnent pourtant de magnifiques résultats. Ils ne requièrent aucune technique culinaire compliquée ni aucun équipement sophistiqué. Il suffit de compter une quinzaine de minutes pour mélanger les ingrédients et de 20 à 30 minutes de cuisson et le tour est joué.

Si vous n'avez pas le temps de faire des muffins chaque jour, n'hésitez pas à les préparer pendant le week-end et à les conserver dans le congélateur. Si vous comptez les servir au cours des jours suivants, gardez-les simplement dans un contenant hermétique. Pour leur redonner leur caractère chaleureux et réjouissant, enveloppez les muffins décongelés dans du papier d'aluminium et réchauffez-les dans le four préchauffé à 180 °C (350 °F) pendant une dizaine de minutes. Vous pouvez aussi les réchauffer dans le four à micro-ondes, à découvert, de 10 à 15 secondes à allure maximale. Ils ne seront peut-être pas aussi savoureux que s'ils sortaient directement du four, mais ils seront quand même succulents.

Les muffins tirent leur origine des pains de maïs et des cakes que faisaient les pèlerins américains au XIXe siècle. Leur confection est simplifiée grâce à l'utilisation du bicarbonate de soude et de la levure chimique qui forcent la farine à réagir rapidement quand on la mélange avec des ingrédients liquides. Le gluten étant ainsi activé précipitamment, la pâte lève plus vite. Pour réussir de bons muffins, il importe de travailler la pâte rapidement et de les mettre au four le plus vite possible, ce qui les rendra plus légers, plus duveteux et tellement meilleurs. Les ingrédients liquides doivent être mélangés rapidement aux ingrédients secs. Il ne faut jamais trop remuer la pâte. Il suffit d'humecter les ingrédients secs et d'éviter de remuer plus que nécessaire. Il est tout à fait normal que la pâte reste légèrement grumeleuse. Le fait de trop mélanger la pâte donnera des muffins durs, lourds et de consistance grossière.

La recette de base consiste à utiliser deux parts d'ingrédients secs pour une part d'ingrédients liquides. Les ingrédients secs incluent la farine, la levure chimique et le sucre. Les ingrédients liquides comprennent le lait, l'huile ou le beurre ainsi qu'un ou deux œufs. En respectant cette règle fondamentale, vous pourrez varier les différentes saveurs et faire vos propres créations. Il suffit d'assaisonner le tout avec un peu d'amour et d'attention et le résultat est garanti…

Les matières grasses (beurre et huile) faisant partie des ingrédients liquides, il est facile de faire des muffins à faible teneur en gras. Les recettes que nous vous proposons dans ce livre offrent des variantes intéressantes mettant en valeur le lait pauvre en matières grasses, le lait de soja, le babeurre et le yogourt. En fait, vous pouvez omettre complètement le beurre, les huiles et les jaunes d'œufs. Les muffins seront alors plus denses et un peu plus spongieux, mais vous pourrez leur donner une touche d'originalité en leur ajoutant des noix, des fruits secs, des céréales et des épices.

Certaines recettes conviendront à ceux qui ne mangent aucun produit animal ou aucun gluten. Ces muffins ne lèvent pas aussi bien que ceux à base de farine de blé, mais le son et les noix utilisés comme substituts de la farine sont délicieux si on les mélange à de la compote de pommes, à du miel ou à de la mélasse. On peut aussi leur ajouter des fruits frais ou secs ou des noix pour leur donner plus de saveur.

Nos recettes sont variées : muffins sucrés ou salés réguliers ou pauvres en matières grasses, muffins convenant à des diètes spécifiques ou délices hors du commun. Vous pouvez les adapter selon la grosseur de muffins que vous désirez :

ÉQUIVALENCES
6 muffins géants = 12 muffins moyens = 24 muffins miniatures

TEMPS DE CUISSON
Muffins géants : 25-30 min
Muffins moyens : 20-25 min
Muffins miniatures : 15-20 min

Nous vous proposons également quelques recettes de petits gâteaux que vous aimerez servir avec le thé ou le café : scones, brownies, petits gâteaux au fromage, madeleines, etc.

MUFFINS SUCRÉS

Muffins aux pommes et à la cannelle
12 muffins

- 315 g (2 tasses) de farine tout usage
- 250 g (1 tasse) de sucre
- 1 c. à soupe de levure chimique
- 1 c. à café (1 c. à thé) de cannelle moulue
- 60 ml (¼ tasse) d'huile végétale
- 4 c. à soupe de beurre, fondu et refroidi
- 2 œufs
- 175 ml (¾ tasse) de lait
- 1 grosse pomme rouge, pelée, évidée et coupée en fines tranches

• Préchauffer le four à 180 °C (350 °F). Beurrer ou chemiser 12 moules à muffins. Tamiser la farine, le sucre, la levure chimique et la cannelle ensemble dans un grand bol. Dans un petit bol, battre l'huile, le beurre, les œufs et le lait. Verser dans les ingrédients secs et remuer pour obtenir une pâte homogène (elle sera un peu grumeleuse). Incorporer les pommes. Remplir les moules aux trois quarts.

• Cuire au four de 20 à 25 min, ou jusqu'à ce que les muffins soient dorés et qu'une brochette insérée au centre ressorte propre. Laisser refroidir 1 ou 2 min avant de démouler sur une grille. Servir chauds ou à la température ambiante.

VARIANTES

• Ajouter ¼ c. à café (¼ c. à thé) de cardamome moulue et ¼ c. à café (¼ c. à thé) de clou de girofle moulu pour faire des muffins plus épicés.

• Ajouter 60 g (½ tasse) de pacanes ou de noix hachées au moment d'incorporer les pommes.

• Au moment de sortir les muffins du four, faire un trou au centre de chacun à l'aide d'une brochette en bois. Badigeonner généreusement avec environ 125 ml (½ tasse) de sirop d'érable.

Muffins aux bananes, aux dattes et à la crème sure

12 muffins

- 280 g (1 ¾ tasse) de farine tout usage
- 125 g (½ tasse) de sucre
- 1 c. à soupe de levure chimique
- 2 œufs
- 4 c. à soupe de beurre, fondu et refroidi
- 60 ml (¼ tasse) de crème sure
- 2 c. à soupe de lait
- 1 grosse banane mûre, écrasée (environ 250 g/1 tasse)
- 155 g (¾ tasse) de dattes, hachées

PRÉPARATION

• Préchauffer le four à 180 °C (350 °F). Beurrer ou chemiser 12 moules à muffins. Tamiser la farine, le sucre et la levure chimique ensemble dans un grand bol. Dans un bol moyen, battre les œufs, le beurre, la crème sure, le lait et la banane. Verser dans les ingrédients secs et remuer pour obtenir une pâte homogène (elle sera un peu grumeleuse). Incorporer les dattes. Remplir les moules aux trois quarts.

• Cuire au four de 20 à 25 min, ou jusqu'à ce que les muffins soient dorés et qu'une brochette insérée au centre ressorte propre. Laisser refroidir 1 ou 2 min avant de démouler sur une grille. Servir chauds ou à la température ambiante avec du fromage à la crème ou du beurre.

VARIANTES

• Badigeonner les muffins chauds avec 90 g (¼ tasse) de miel.

• Remplacer les dattes par des canneberges ou des cerises séchées.

• Pour faire des muffins santé, ne pas mettre de sucre et remplacer les œufs par 3 blancs d'œufs. Utiliser de la crème et du lait pauvres en matières grasses.

Muffins aux bleuets

24 mini-muffins

- 315 g (2 tasses) de farine tout usage
- 185 g (¾ tasse) de cassonade, bien tassée
- 1 c. à soupe de levure chimique
- 125 g (½ tasse) de beurre, fondu et refroidi
- 2 œufs
- 175 ml (¾ tasse) de lait
- 250 g (2 tasses) de bleuets frais ou décongelés

• Préchauffer le four à 180 °C (350 °F). Beurrer ou chemiser 24 moules à muffins miniatures. Tamiser la farine, la cassonade et la levure chimique ensemble dans un grand bol. Dans un bol moyen, battre le beurre, les œufs et le lait. Verser dans les ingrédients secs et remuer pour obtenir une pâte homogène (elle sera un peu grumeleuse). Incorporer les bleuets. Remplir les moules aux trois quarts.

• Cuire au four de 15 à 20 min, ou jusqu'à ce que les muffins soient dorés et qu'une brochette insérée au centre ressorte propre. Laisser refroidir 1 ou 2 min avant de démouler sur une grille. Servir chauds ou à la température ambiante.

VARIANTES

• Pour faire des muffins sans blé et sans produits laitiers, remplacer la farine tout usage par 50 g (1 tasse) de farine de riz brun, 15 g (¼ tasse) de son d'avoine et 90 g (¾ tasse) de fécule de maïs. Remplacer le beurre par 125 ml (½ tasse) d'huile végétale et le lait par du lait de soja.

• Pour faire des muffins aux bleuets et aux bananes, ajouter 2 petites bananes hachées.

Muffins aux cerises et à la crème sure

12 muffins

- 125 g (½ tasse) de beurre, à la température ambiante
- 125 g (½ tasse) de sucre
- 2 œufs
- 250 g (1 tasse) de crème sure
- 60 ml (¼ tasse) de lait
- 315 g (2 tasses) de farine tout usage
- 1 c. à soupe de levure chimique
- 375 g (12 oz) de cerises rouges sucrées, dénoyautées

• Préchauffer le four à 180 °C (350 °F). Beurrer ou chemiser 12 moules à muffins. Dans un grand bol, défaire le beurre et le sucre en pommade jusqu'à consistance légère et duveteuse. Incorporer les œufs en battant, un à la fois. Incorporer la crème sure et le lait. Tamiser la farine et la levure chimique ensemble dans un petit bol. Verser dans les ingrédients humides et remuer pour obtenir une pâte homogène (elle sera un peu grumeleuse). Incorporer les cerises. Remplir les moules aux trois quarts.

• Cuire au four de 20 à 25 min, ou jusqu'à ce que les muffins soient dorés et qu'une brochette insérée au centre ressorte propre. Laisser refroidir 1 ou 2 min avant de démouler sur une grille. Servir chauds ou à la température ambiante.

VARIANTES

• Si on ne trouve pas de cerises fraîches, les remplacer par 440 g (14 oz) de cerises foncées en conserve bien égouttées.

• Pour réduire la quantité de matières grasses, remplacer la crème sure par de la crème sure pauvre en matières grasses ou écrémée ou du yogourt nature écrémé. Utiliser du lait écrémé plutôt que du lait entier.

• Les amandes se marient bien aux cerises. Ajouter 1 c. à café (1 c. à thé) d'extrait d'amande à la recette. Saupoudrer les muffins avec 60 g (½ tasse) d'amandes tranchées avant de les faire cuire.

Muffins aux grains de chocolat

12 muffins

- Préchauffer le four à 180 °C (350 °F). Beurrer ou chemiser 12 moules à muffins. Tamiser la farine, le sucre, la levure chimique et la poudre de cacao ensemble dans un grand bol. Dans un petit bol, battre les œufs, le beurre, l'huile, le lait et la vanille. Verser dans les ingrédients secs et remuer pour obtenir une pâte homogène (elle sera un peu grumeleuse). Incorporer les grains de chocolat et le chocolat mi-sucré. Remplir les moules aux trois quarts.

- Cuire au four de 20 à 25 min (ou de 15 à 20 min si on fait des mini-muffins), ou jusqu'à ce que les muffins soient dorés et qu'une brochette insérée au centre ressorte propre. Laisser refroidir 1 ou 2 min avant de démouler sur une grille. Servir chauds ou à la température ambiante. Laisser refroidir complètement avant de napper les muffins avec le glaçage.

VARIANTES

- Utiliser des grains de chocolat blanc et noir pour créer un effet original.

- Pour obtenir une saveur de chocolat plus prononcé, ajouter jusqu'à 120 g (4 oz) de chocolat mi-sucré râpé.

- Remplacer les grains de chocolat par 90 g (³/₄ tasse) de framboises fraîches. Ces muffins n'en seront que plus délicieux si on les déguste chauds.

- 315 g (2 tasses) de farine tout usage
- 250 g (1 tasse) de sucre
- 1 c. à soupe de levure chimique
- 30 g (¹/₃ tasse) de poudre de cacao non sucrée
- 2 œufs
- 125 g (¹/₂ tasse) de beurre, fondu et refroidi
- 60 ml (¹/₄ tasse) d'huile de tournesol
- 175 ml (³/₄ tasse) + 2 c. à soupe de lait
- 1 c. à café (1 c. à thé) d'extrait de vanille
- 90 g (¹/₂ tasse) de grains de chocolat
- 60 g (2 oz) de chocolat mi-sucré, râpé
- Glaçage au chocolat (recette ci-bas) (facultatif)

Glaçage au fudge

375 ml (1 ¹/₂ tasse)

- Dans un bain-marie contenant de l'eau qui mijote, faire fondre le chocolat et le beurre. Retirer du feu et incorporer la crème. Laisser refroidir 15 min. Fouetter 1 à 2 min pour obtenir un glaçage facile à tartiner.

- 125 g (4 oz) de chocolat mi-sucré, haché
- 125 g (¹/₂ tasse) de beurre
- 125 ml (¹/₂ tasse) de crème fleurette (15 %) ou de crème moitié moitié

Muffins au chocolat et au fromage à la crème

Muffins au chocolat et au fromage à la crème

12 muffins

GLAÇAGE

- 250 g (8 oz) de fromage à la crème, à la température ambiante
- 1 œuf
- 105 g (½ tasse) de sucre extrafin

- 315 g (2 tasses) de farine tout usage
- 250 g (1 tasse) de sucre
- 1 c. à soupe de levure chimique
- 30 g (¼ tasse) de poudre de cacao non sucrée
- 175 ml (¾ tasse) de lait
- 4 c. à soupe de beurre, fondu et refroidi
- 60 ml (¼ tasse) d'huile végétale
- 1 c. à café (1 c. à thé) d'extrait de vanille

• Préchauffer le four à 180 °C (350 °F). Beurrer ou chemiser 12 moules à muffins. Pour le glaçage : Dans un petit bol, battre tous les ingrédients jusqu'à consistance onctueuse. Réserver.

• Tamiser la farine, le sucre, la levure chimique et la poudre de cacao ensemble dans un grand bol. Dans un petit bol, battre le lait, le beurre, l'huile et la vanille. Verser dans les ingrédients secs et remuer pour obtenir une pâte homogène (elle sera un peu grumeleuse). Remplir les moules aux trois quarts. Napper chaque muffin avec 2 à 3 c. à soupe de glaçage.

• Cuire au four de 20 à 25 min, ou jusqu'à ce que les muffins soient dorés et qu'une brochette insérée au centre ressorte propre. Laisser refroidir 1 ou 2 min avant de démouler sur une grille. Servir chauds ou à la température ambiante.

Muffins aux cerises et au chocolat noir

12 muffins

- 185 g (6 oz) de chocolat mi-sucré, haché
- 125 g (½ tasse) de beurre
- 3 œufs
- 125 g (½ tasse) de sucre
- 185 ml (⅔ tasse) de crème sure
- 280 g (1 ¾ tasse) de farine tout usage
- 1 c. à soupe de levure chimique
- 90 g (¾ tasse) de cerises séchées

• Préchauffer le four à 180 °C (350 °F). Beurrer ou chemiser 12 moules à muffins. Dans un bain-marie contenant de l'eau qui mijote, faire fondre le chocolat et le beurre. Bien remuer. Retirer du feu et réserver.

• Dans un grand bol, fouetter les œufs et le sucre. Incorporer le chocolat fondu et la crème sure. Tamiser la farine et l'incorporer aux ingrédients humides. Remuer pour obtenir une pâte homogène (elle sera un peu grumeleuse). Incorporer les cerises. Remplir les moules aux trois quarts.

• Cuire au four de 20 à 25 min, ou jusqu'à ce que les muffins soient dorés et qu'une brochette insérée au centre ressorte propre. Laisser refroidir 1 ou 2 min avant de démouler sur une grille. Servir chauds ou à la température ambiante.

Muffins aux arachides

12 muffins

• Préchauffer le four à 180 °C (350 °F). Beurrer ou chemiser 12 moules à muffins. Tamiser la farine, le sucre et la levure chimique ensemble dans un grand bol. Incorporer les arachides et le beurre d'arachide. Dans un bol moyen, battre les œufs, le lait, l'huile et le beurre. Verser dans les ingrédients secs et remuer pour obtenir une pâte homogène (elle sera un peu grumeleuse). Remplir les moules aux trois quarts.

• Cuire au four de 20 à 25 min, ou jusqu'à ce que les muffins soient dorés et qu'une brochette insérée au centre ressorte propre. Laisser refroidir 1 ou 2 min avant de démouler sur une grille. Servir chauds ou à la température ambiante.

VARIANTE

• On peut remplacer le beurre d'arachide par 155 g ($^3/_4$ tasse) de grains de chocolat noir.

• L'huile d'arachide peut remplacer l'huile végétale.

- 315 g (2 tasses) de farine tout usage
- 185 g ($^3/_4$ tasse) de sucre
- 1 c. à soupe de levure chimique
- 75 g ($^1/_2$ tasse) d'arachides non salées
- 130 g ($^1/_2$ tasse) de beurre d'arachide crémeux
- 2 œufs
- 175 ml ($^3/_4$ tasse) de lait
- 60 ml ($^1/_4$ tasse) d'huile végétale ou d'une autre huile végétale
- 4 c. à soupe de beurre, fondu et refroidi

Muffins aux pêches et aux abricots

4 muffins géants sans produits laitiers

INGRÉDIENTS

- 235 g (1 ½ tasse) de farine tout usage
- 105 g (½ tasse) de cassonade, bien tassée
- 1 c. à soupe de levure chimique
- 2 œufs
- 60 ml (¼ tasse) d'huile d'olive légère
- 175 ml (¾ tasse) de purée d'abricots (*voir* Variantes)
- 1 c. à café (1 c. à thé) d'extrait de vanille
- 2 c. à soupe de zeste d'orange, finement râpé
- 2 pêches mûres, pelées, dénoyautées et hachées (environ 280 g/1 ½ tasse)
- 60 g (½ tasse) d'amandes tranchées

PRÉPARATION

- Préchauffer le four à 180 °C (350 °F). Beurrer ou chemiser 4 moules à muffins géants. Tamiser la farine, la cassonade et la levure chimique ensemble dans un grand bol. Dans un bol moyen, battre les œufs, l'huile, la purée d'abricots, la vanille et le zeste. Verser dans les ingrédients secs et remuer pour obtenir une pâte homogène (elle sera un peu grumeleuse). Incorporer les pêches. Remplir les moules aux trois quarts. Saupoudrer chaque muffin avec 2 c. à soupe d'amandes. Presser celles-ci légèrement dans la pâte.

- Cuire au four de 25 à 30 min, ou jusqu'à ce que les muffins soient dorés et qu'une brochette insérée au centre ressorte propre. Laisser refroidir 1 ou 2 min avant de démouler sur une grille. Servir chauds ou à la température ambiante.

VARIANTES

- Si on ne trouve pas de purée d'abricots à l'épicerie, égoutter des abricots en conserve (440 g/14 oz) et les réduire en purée à l'aide du mélangeur ou du robot de cuisine.

- Remplacer les pêches par 280 g (1 ½ tasse) de nectarines, de prunes ou d'abricots hachés ou, pendant l'été, par des petits fruits. On peut mélanger plusieurs fruits.

- Remplacer les 2 œufs par 3 blancs d'œufs pour diminuer la quantité de matières grasses.

- Remplacer la purée d'abricots par de la compote de pommes.

Muffins aux noix et aux noisettes

24 mini-muffins sans gluten

• Préchauffer le four à 180 °C (350 °F). Beurrer ou chemiser 24 moules à muffins miniatures. Dans un grand bol, mélanger le son de blé et les noisettes moulues. Tamiser ensemble la cassonade et la levure chimique dans le bol contenant le son de blé et les noisettes. Dans un bol moyen, battre les œufs, l'huile, le beurre et le lait. Verser dans les ingrédients secs et remuer pour obtenir une pâte homogène (elle sera un peu grumeleuse). Incorporer les raisins secs et les noix. Remplir les moules aux trois quarts.

• Cuire au four de 15 à 20 min, ou jusqu'à ce que les muffins soient dorés et qu'une brochette insérée au centre ressorte propre. Laisser refroidir 1 ou 2 min avant de démouler sur une grille. Servir chauds ou à la température ambiante.

- 125 g (1 ½ tasse) de son de blé
- 125 g (1 tasse) de noisettes, finement moulues
- 185 g (¾ tasse) de cassonade foncée, bien tassée
- 1 c. à soupe de levure chimique
- 2 œufs
- 60 ml (¼ tasse) d'huile végétale
- 4 c. à soupe de beurre, fondu et refroidi
- 175 ml (¾ tasse) de lait
- 75 g (½ tasse) de raisins secs dorés, hachés
- 90 g (¾ tasse) de noix, hachées

Muffins au miel et à la mélasse

12 muffins sans gluten

• Préchauffer le four à 180 °C (350 °F). Beurrer ou chemiser 12 moules à muffins. Tamiser le son de blé, le germe de blé et la levure chimique ensemble dans un grand bol. Dans un bol moyen, battre les œufs, le miel, la mélasse, l'huile et le babeurre. Verser dans les ingrédients secs et remuer pour obtenir une pâte homogène (elle sera un peu grumeleuse). Incorporer les dattes. Remplir les moules aux trois quarts.

• Cuire au four de 20 à 25 min, ou jusqu'à ce que les muffins soient dorés et qu'une brochette insérée au centre ressorte propre. Laisser refroidir 1 ou 2 min avant de démouler sur une grille. Servir chauds ou à la température ambiante.

- 105 g (1 ½ tasse) de son de blé
- 90 g (1 tasse) de germe de blé
- 1 c. à soupe de levure chimique
- 2 œufs
- 2 c. à soupe de miel
- 2 c. à soupe de mélasse non sulfurisée
- 60 ml (¼ tasse) d'huile végétale
- 250 ml (1 tasse) de babeurre
- 90 g (½ tasse) de dattes, dénoyautées et hachées

Muffins au granola et au babeurre

Muffins au granola et au babeurre

12 muffins

- 220 g (2 tasses) de granola
- 155 g (1 tasse) de farine tout usage
- 60 g (¼ tasse) de cassonade, bien tassée
- 1 c. à soupe de levure chimique
- 2 œufs
- 60 ml (¼ tasse) d'huile végétale
- 250 ml (1 tasse) de babeurre
- 1 c. à café (1 c. à thé) d'extrait de vanille

• Préchauffer le four à 180 °C (350 °F). Beurrer ou chemiser 12 moules à muffins. Mettre le granola dans un grand bol. Tamiser la farine, la cassonade et la levure chimique ensemble dans le même bol contenant le granola. Dans un bol moyen, battre les œufs, l'huile, le babeurre et la vanille. Verser dans les ingrédients secs et remuer pour obtenir une pâte homogène (elle sera un peu grumeleuse). Remplir les moules aux trois quarts.

• Cuire au four de 20 à 25 min, ou jusqu'à ce que les muffins soient dorés et qu'une brochette insérée au centre ressorte propre. Laisser refroidir 1 ou 2 min avant de démouler sur une grille. Servir chauds ou à la température ambiante. Délicieux avec du yogourt nature et des tranches de banane.

Muffins de blé entier aux canneberges

12 muffins

- 125 g (1 tasse) de céréales de son (All Bran)
- 235 g (1 ½ tasse) de farine de blé entier
- 125 g (½ tasse) de sucre
- 1 c. à soupe de levure chimique
- 1 œuf
- 60 ml (¼ tasse) d'huile végétale
- 310 ml (1 ¼ tasse) de lait
- 1 c. à soupe de zeste d'orange, râpé
- 125 g (1 tasse) de canneberges séchées
- 90 g (¾ tasse) de pacanes, hachées

• Préchauffer le four à 180 °C (350 °F). Beurrer ou chemiser 12 moules à muffins. Mettre les céréales dans un grand bol. Tamiser la farine, le sucre et la levure chimique ensemble dans le bol contenant les céréales. Ajouter la pellicule de blé qui pourrait être restée dans le tamis. Dans un bol moyen, battre l'œuf, l'huile, le lait et le zeste. Verser dans les ingrédients secs et remuer pour obtenir une pâte homogène (elle sera un peu grumeleuse). Incorporer les canneberges et les pacanes. Remplir les moules aux trois quarts.

• Cuire au four de 20 à 25 min, ou jusqu'à ce que les muffins soient dorés et qu'une brochette insérée au centre ressorte propre. Laisser refroidir 1 ou 2 min avant de démouler sur une grille. Servir chauds ou à la température ambiante.

Muffins à l'ananas et à la noix de coco

24 mini-muffins

• Préchauffer le four à 180 °C (350 °F). Beurrer ou chemiser 24 moules à muffins miniatures. Tamiser la farine, le sucre, la levure chimique et la cannelle ensemble dans un grand bol. Dans un bol moyen, battre les œufs et l'huile. Verser dans les ingrédients secs et remuer pour obtenir une pâte homogène (elle sera un peu grumeleuse). Incorporer les autres ingrédients et remuer juste assez pour les mélanger. Remplir les moules aux trois quarts.

• Cuire au four de 15 à 20 min, ou jusqu'à ce que les muffins soient dorés et qu'une brochette insérée au centre ressorte propre. Laisser refroidir 1 ou 2 min avant de démouler sur une grille. Servir chauds ou à la température ambiante.

VARIANTES

• Remplacer les pommes par des poires en dés.

• Pour faire des muffins santé, ne mettre que 60 g (¼ tasse) de sucre et remplacer la moitié de l'huile végétale par 125 ml (½ tasse) de compote de pomme sans sucre. Servir avec du fromage à la crème pauvre en matières grasses mélangé avec un peu de miel et de zeste d'orange finement râpé.

• Remplacer les noix de macadam par n'importe quelle autre variété de noix (pacanes, noix, noisettes, amandes, etc.).

• Ajouter 1 à 2 c. à soupe de fruits secs hachés (raisins, abricots, poires, figues, pommes, etc.) au moment d'incorporer les fruits frais.

INGRÉDIENTS

• 155 g (1 tasse) de farine tout usage
• 250 g (1 tasse) de sucre granulé
• 2 c. à café (2 c. à thé) de levure chimique
• 1 c. à café (1 c. à thé) de cannelle moulue
• 2 œufs
• 125 ml (½ tasse) d'huile végétale
• 50 g (½ tasse) de carottes, finement râpées
• 60 g (½ tasse) de pommes, en petits dés
• 90 g (½ tasse) d'ananas, égoutté et broyé
• 60 g (½ tasse) de noix de coco sucrée (sèche et râpée)
• 2 c. à soupe de zeste d'orange, finement râpé
• 30 g (¼ tasse) de noix de macadam, hachées

Muffins à la confiture

24 mini-muffins

- 220 g (1 ¼ tasse) de farine tout usage
- 90 g (¾ tasse) d'amandes, finement moulues
- 125 g (½ tasse) de sucre
- 1 c. à soupe de levure chimique
- 2 œufs
- 125 g (½ tasse) de beurre, fondu et refroidi
- 310 ml (1 ¼ tasse) de lait
- 1 c. à café (1 c. à thé) d'extrait de vanille
- 150 g (¾ tasse) de confiture de framboises ou d'abricots

• Préchauffer le four à 180 °C (350 °F). Beurrer ou chemiser 24 moules à muffins miniatures. Mettre les amandes moulues dans un grand bol. Tamiser le sucre et la levure chimique ensemble dans le bol contenant les amandes. Dans un bol moyen, battre les œufs, le beurre, le lait et la vanille. Verser dans les ingrédients secs et remuer pour obtenir une pâte homogène (elle sera un peu grumeleuse). Remplir les moules aux deux tiers. Napper chaque muffin avec ½ c. à café (½ c. à thé) de confiture et presser celle-ci doucement dans la pâte. Couvrir chaque muffin avec 1 c. à soupe de la pâte restante.

• Cuire au four de 15 à 20 min, ou jusqu'à ce que les muffins soient dorés. Laisser refroidir 1 ou 2 min avant de démouler sur une grille. Servir chauds ou à la température ambiante.

Muffins à la marmelade d'oranges

12 muffins

- 6 c. à soupe de beurre, à la température ambiante
- 185 g (¾ tasse) de sucre
- 2 œufs
- 175 ml (¾ tasse) de lait
- 2 c. à soupe de zeste d'orange, finement râpé
- 315 g (2 tasses) de farine tout usage
- 1 c. à soupe de levure chimique
- 155 g (½ tasse) de marmelade d'oranges

• Préchauffer le four à 180 °C (350 °F). Beurrer ou chemiser 12 moules à muffins. Dans un grand bol, défaire le beurre et le sucre en pommade jusqu'à consistance légère et duveteuse. Ajouter les œufs en battant, un à la fois. Incorporer le lait et le zeste. Tamiser la farine et la levure chimique ensemble sur une feuille de papier ciré (sulfurisé). Verser dans les ingrédients liquides et remuer pour obtenir une pâte homogène (elle sera un peu grumeleuse). Verser 2 c. à soupe de pâte dans chaque moule à muffins. Couvrir avec 1 c. à soupe comble de marmelade. Couvrir avec la pâte restante pour que les moules soient remplis aux trois quarts.

• Cuire au four de 20 à 25 min, ou jusqu'à ce que les muffins soient dorés et qu'une brochette insérée au centre ressorte propre. Laisser refroidir 1 ou 2 min avant de démouler sur une grille. Servir chauds ou à la température ambiante.

Muffins aux canneberges et au fromage cottage

24 mini-muffins à faible teneur en matières grasses

• Préchauffer le four à 180 °C (350 °F). Beurrer ou chemiser 24 moules à muffins miniatures. Tamiser la farine, le sucre et la levure chimique ensemble dans un grand bol. Dans un bol moyen, battre les œufs, l'huile, le lait, la vanille et le fromage cottage. Verser dans les ingrédients secs et remuer pour obtenir une pâte homogène (elle sera un peu grumeleuse). Incorporer les canneberges. Remplir les moules aux trois quarts.

• Cuire au four de 15 à 20 min, ou jusqu'à ce que les muffins soient dorés et qu'une brochette insérée au centre ressorte propre. Laisser refroidir 1 ou 2 min avant de démouler sur une grille. Servir chauds ou à la température ambiante.

VARIANTES

• Pour donner une belle touche de couleur, ajouter 2 c. à soupe de raisins de Corinthe et 2 c. à soupe d'abricots séchés hachés aux canneberges.

• Faire tremper les canneberges séchées de 3 à 4 h dans 60 ml (¼ tasse) de jus d'orange. Égoutter avant de les ajouter aux autres ingrédients.

• Ajouter 2 c. à soupe de zeste d'orange ou de citron finement râpé à l'appareil ou remplacer la vanille par de l'eau de fleur d'oranger.

• Réduire la quantité de matières grasses en remplaçant les 2 œufs par 3 blancs d'œufs.

INGRÉDIENTS

- 315 g (2 tasses) de farine tout usage
- 185 g (¾ tasse) de sucre
- 1 c. à soupe de levure chimique
- 2 œufs
- 60 ml (¼ tasse) d'huile végétale
- 250 ml (1 tasse) de lait pauvre en matières grasses
- 1 c. à café (1 c. à thé) d'extrait de vanille
- 125 g (½ tasse) de fromage cottage à faible teneur en matières grasses
- 60 g (½ tasse) de canneberges séchées

Muffins à la ricotta et aux petits fruits

6 muffins géants à faible teneur en matières grasses

- 315 g (2 tasses) de farine tout usage
- 185 g (³/₄ tasse) de sucre
- 1 c. à soupe de levure chimique
- 2 œufs
- 4 c. à soupe de beurre, fondu et refroidi
- 250 ml (1 tasse) de lait à faible teneur en matières grasses
- 185 g (³/₄ tasse) de ricotta à faible teneur en matières grasses
- 125 g (1 tasse) de petits fruits frais variés (bleuets, framboises, fraises, etc.)

• Préchauffer le four à 180 ºC (350 ºF). Beurrer ou chemiser 6 moules à muffins géants. Tamiser la farine, le sucre et la levure chimique ensemble dans un grand bol. Dans un bol moyen, battre les œufs, le beurre et le lait. Verser dans les ingrédients secs et remuer pour obtenir une pâte homogène (elle sera un peu grumeleuse). Remplir les moules aux trois quarts. Couvrir chaque muffin avec 2 c. à soupe de fromage ricotta et 1 c. à soupe comble de petits fruits. Presser ceux-ci doucement dans la pâte.

• Cuire au four de 25 à 30 min, ou jusqu'à ce que les muffins soient dorés et qu'une brochette insérée au centre ressorte propre. Laisser refroidir 1 ou 2 min avant de démouler sur une grille. Servir chauds ou à la température ambiante. Un léger creux se formera au centre des muffins au moment de refroidir.

VARIANTE

• Remplacer les 2 œufs par 3 blancs d'œufs pour réduire la quantité de matières grasses.

Muffins à la rhubarbe

12 muffins à faible teneur en matières grasses

- 315 g (2 tasses) de farine tout usage
- 250 g (1 tasse) de sucre
- 1 c. à soupe de levure chimique
- 1 c. à café (1 c. à thé) de cannelle moulue
- 2 œufs
- 60 ml (¹/₄ tasse) d'huile végétale
- 125 ml (¹/₂ tasse) de babeurre
- 1 c. à soupe de gingembre frais, râpé
- 180 g (1 ¹/₂ tasse) de rhubarbe, hachée

• Préchauffer le four à 180 ºC (350 ºF). Beurrer ou chemiser 12 moules à muffins. Tamiser la farine, le sucre, la levure chimique et la cannelle ensemble dans un grand bol. Dans un bol moyen, battre les œufs, l'huile, le babeurre et le gingembre. Verser dans les ingrédients secs et remuer pour obtenir une pâte homogène (elle sera un peu grumeleuse). Incorporer la rhubarbe. Remplir les moules aux trois quarts.

• Cuire au four de 20 à 25 min, ou jusqu'à ce que les muffins soient dorés et qu'une brochette insérée au centre ressorte propre. Laisser refroidir 1 ou 2 min avant de démouler sur une grille. Servir chauds ou à la température ambiante.

Muffins au rhum et aux raisins secs

24 mini-muffins

- Préchauffer le four à 180 °C (350 °F). Beurrer ou chemiser 24 moules à muffins miniatures. Tamiser la farine, le sucre et la levure chimique ensemble dans un grand bol. Dans un bol moyen, battre l'œuf, le beurre, le lait, le rhum et la vanille. Verser dans les ingrédients secs et remuer pour obtenir une pâte homogène (elle sera un peu grumeleuse). Incorporer les raisins secs et le chocolat. Remplir les moules aux trois quarts.

- Cuire au four de 15 à 20 min, ou jusqu'à ce que les muffins soient dorés et qu'une brochette insérée au centre ressorte propre. Laisser refroidir 1 ou 2 min avant de démouler sur une grille. Servir chauds ou à la température ambiante.

VARIANTES

- Remplacer le rhum par de la vodka et les raisins secs par 90 g (³/₄ tasse) de canneberges séchées et 45 g (¹/₄ tasse) de grains de chocolat blanc.

- Remplacer le rhum par 2 c. à soupe de Cointreau et les raisins secs par 90 g (¹/₂ tasse) de zeste de citron confit haché.

- Remplacer les raisins secs par 45 g (¹/₄ tasse) de pêches séchées et 90 g (¹/₂ tasse) d'abricots séchés hachés. Ne mettre que 90 g (¹/₂ tasse) de grains de chocolat.

- Remplacer le rhum par du brandy et les raisins secs par des ananas séchés hachés. Utiliser des grains de chocolat noir ou blanc.

- 280 g (1 ³/₄ tasse) de farine tout usage
- 90 g (¹/₃ tasse) de sucre
- 1 c. à soupe de levure chimique
- 1 œuf
- 125 g (¹/₂ tasse) de beurre, fondu et refroidi
- 125 ml (¹/₂ tasse) de lait
- 60 ml (¹/₄ tasse) de rhum brun
- 1 c. à café (1 c. à thé) d'extrait de vanille
- 75 g (¹/₂ tasse) de raisins secs, hachés
- 140 g (³/₄ tasse) de grains de chocolat

Muffins aux agrumes et aux graines de pavot

6 muffins géants

INGRÉDIENTS

- 90 g (²/₃ tasse) d'amandes, finement moulues
- 220 g (1 ¹/₃ tasse) de farine tout usage
- 250 g (1 tasse) de sucre
- 1 c. à soupe de levure chimique
- 2 œufs
- 4 c. à soupe de beurre, fondu et refroidi
- 60 ml (¹/₄ tasse) d'huile végétale
- 175 ml (³/₄ tasse) de lait
- 3 c. à soupe de graines de pavot
- 2 c. à soupe de jus de citron fraîchement pressé
- 1 c. à soupe de zeste de citron, finement râpé
- 1 c. à soupe de zeste d'orange, finement râpé
- Sirop d'agrumes (recette ci-bas) (facultatif)

- 250 g (1 tasse) de sucre
- 250 ml (1 tasse) d'eau
- 125 ml (¹/₂ tasse) de jus de citron fraîchement pressé

PRÉPARATION

- Préchauffer le four à 180 °C (350 °F). Beurrer ou chemiser 6 moules à muffins géants. Mettre les amandes moulues dans un grand bol. Tamiser la farine, le sucre et la levure chimique ensemble dans le bol contenant les amandes moulues. Dans un bol moyen, battre les œufs, le beurre, l'huile, le lait, les graines de pavot, le jus de citron et les zestes. Verser dans les ingrédients secs et remuer pour obtenir une pâte homogène (elle sera un peu grumeleuse). Remplir les moules aux trois quarts.

- Cuire au four de 25 à 30 min, ou jusqu'à ce que les muffins soient dorés et qu'une brochette insérée au centre ressorte propre. Laisser refroidir 1 ou 2 min avant de démouler sur une grille. Si on utilise le sirop d'agrumes, faire environ 10 incisions sur le dessus de chacun des muffins encore chauds à l'aide d'une brochette en bois. Badigeonner les muffins 3 ou 4 fois avec le sirop chaud. Servir les muffins chauds ou à la température ambiante.

Sirop d'agrumes

250 ml (1 tasse)

- Dans une petite casserole, mélanger le sucre et l'eau. Chauffer à feu doux et remuer jusqu'à dissolution du sucre. Amener à ébullition, laisser bouillir 5 min, ou jusqu'à réduction et consistance sirupeuse. Incorporer le jus de citron. Réserver au chaud ou réchauffer au moment de servir.

Muffins aux poires et au gingembre

12 muffins

- Préchauffer le four à 180 °C (350 °F). Beurrer ou chemiser 12 moules à muffins. Tamiser la farine, la cassonade, la levure chimique et le gingembre ensemble dans un grand bol. Dans un bol moyen, battre les œufs, l'huile et le lait. Verser dans les ingrédients secs et remuer pour obtenir une pâte homogène (elle sera un peu grumeleuse). Incorporer la moitié des poires. Remplir les moules aux trois quarts. Couvrir avec les poires restantes. Si on utilise le glaçage à la cannelle, en saupoudrer 1 c. à soupe sur chaque muffin.

- Cuire au four de 20 à 25 min, ou jusqu'à ce que les muffins soient dorés et qu'une brochette insérée au centre ressorte propre. Laisser refroidir 1 ou 2 min avant de démouler sur une grille. Servir chauds ou à la température ambiante.

INGRÉDIENTS

- 315 g (2 tasses) de farine tout usage
- 185 g (¾ tasse) de cassonade foncée, bien tassée
- 1 c. à soupe de levure chimique
- 1 c. à café (1 c. à thé) de gingembre moulu
- 2 œufs
- 60 ml (¼ tasse) d'huile de tournesol
- 175 ml (¾ tasse) de lait
- 1 poire, coupée en quartiers, évidée, puis
- coupée en fines tranches
- Glaçage à la cannelle (recette ci-bas) (facultatif)

Glaçage à la cannelle

175 ml (¾ tasse)

- Dans un bol moyen, mélanger le beurre, le sucre glace et la cannelle. Bien remuer. Ajouter les noix et la farine et remuer à l'aide d'une fourchette pour obtenir des miettes grossières.

- 2 c. à soupe de beurre, à la température ambiante
- 45 g (⅓ tasse) de sucre glace
- ½ c. à café (½ c. à café) de cannelle moulue
- 30 g (¼ tasse) de noix, hachées
- 45 g (¼ tasse) de farine tout usage

Muffins aux framboises et à la noix de coco

12 muffins

- 235 g (1 ½ tasse) de farine tout usage
- 125 g (½ tasse) de sucre
- 1 c. à soupe de levure chimique
- 2 œufs
- 60 ml (¼ tasse) d'huile végétale
- 4 c. à soupe de beurre, fondu et refroidi
- 185 ml (¾ tasse) de lait
- 185 g (1 ½ tasse) de noix de coco sucrée (sèche et râpée)
- 125 g (1 tasse) de framboises fraîches

- Préchauffer le four à 180 °C (350 °F). Beurrer ou chemiser 12 moules à muffins. Tamiser la farine, le sucre et la levure chimique ensemble dans un grand bol. Dans un bol moyen, battre les œufs, l'huile, le beurre et le lait. Verser dans les ingrédients secs et remuer pour obtenir une pâte homogène (elle sera un peu grumeleuse). Incorporer la noix de coco et les framboises. Remplir les moules aux trois quarts.

- Cuire au four de 20 à 25 min, ou jusqu'à ce que les muffins soient dorés et qu'une brochette insérée au centre ressorte propre. Laisser refroidir 1 ou 2 min avant de démouler sur une grille. Servir chauds ou à la température ambiante.

Muffins aux framboises et au fromage à la crème

6 muffins géants

GLAÇAGE

- 90 g (3 oz) de fromage à la crème, à la température ambiante
- 1 œuf
- 60 g (¼ tasse) de sucre

- 315 g (2 tasses) de farine tout usage
- 185 g (¾ tasse) de sucre granulé
- 1 c. à soupe de levure chimique
- 2 œufs
- 6 c. à soupe de beurre, fondu et refroidi
- 250 ml (1 tasse) de lait
- 125 g (1 tasse) de framboises fraîches

- Pour faire le glaçage : Dans un petit bol, mélanger le fromage à la crème, l'œuf et le sucre et bien remuer.

- Préchauffer le four à 180 °C (350 °F). Beurrer ou chemiser 6 moules à muffins géants. Tamiser la farine, le sucre et la levure chimique ensemble dans un grand bol. Dans un bol moyen, battre les œufs, le beurre et le lait. Verser dans les ingrédients secs et remuer pour obtenir une pâte homogène (elle sera un peu grumeleuse). Incorporer les framboises. Remplir les moules aux trois quarts. Napper chaque muffin avec 1 c. à soupe de glaçage et le faire pénétrer dans la pâte à l'aide d'un couteau.

- Cuire au four de 30 à 35 min, ou jusqu'à ce que les muffins soient dorés et qu'une brochette insérée au centre ressorte propre. Laisser refroidir 1 ou 2 min avant de démouler sur une grille. Laisser refroidir complètement. Napper 1 c. à soupe de glaçage sur chaque muffin. Garder dans le réfrigérateur jusqu'au moment de servir.

Muffins aux fruits secs et aux céréales

8 muffins sans produits laitiers

• Préchauffer le four à 180 °C (350 °F). Beurrer ou chemiser 8 moules à muffins. Tamiser la farine, la levure chimique et la cardamome ensemble dans un grand bol. Incorporer le mélange de fruits secs et de céréales. Dans un bol moyen, mélanger le miel, l'huile, le lait de soja et le zeste. Verser dans les ingrédients secs et remuer pour obtenir une pâte homogène (elle sera un peu grumeleuse). Remplir les moules aux trois quarts.

• Cuire au four de 20 à 25 min, ou jusqu'à ce que les muffins soient dorés et qu'une brochette insérée au centre ressorte propre. Laisser refroidir 1 ou 2 min avant de démouler sur une grille. Servir chauds ou à la température ambiante.

- 155 g (1 tasse) de farine de blé entier
- 1 c. à soupe de levure chimique
- 1 c. à café (1 c. à thé) de cardamome moulue
- 350 g (2 tasses) de mélange de fruits secs et de céréales *(trail mix)*
- 90 g (1/4 tasse) de miel
- 125 ml (1/2 tasse) d'huile d'olive légère
- 125 ml (1/2 tasse) de lait de soja
- 1 c. à soupe de zeste d'orange, finement râpé

Muffins épicés aux fruits secs et aux noix

12 muffins

• Préchauffer le four à 180 °C (350 °F). Beurrer ou chemiser 12 moules à muffins. Mettre le son de blé dans un grand bol. Tamiser les farines, la cassonade, la levure chimique et les épices ensemble dans le bol contenant le son de blé. Ajouter la pellicule de blé qui pourrait être restée dans le tamis. Dans un bol moyen, battre les œufs, la mélasse, l'huile et le lait. Verser dans les ingrédients secs et remuer pour obtenir une pâte homogène (elle sera un peu grumeleuse). Incorporer les noix et les fruits secs. Remplir les moules aux trois quarts.

• Cuire au four de 20 à 25 min, ou jusqu'à ce que les muffins soient dorés et qu'une brochette insérée au centre ressorte propre. Laisser refroidir 1 ou 2 min avant de démouler sur une grille. Servir chauds ou à la température ambiante.

- 30 g (1/2 tasse) de son de blé
- 75 g (1/2 tasse) de farine tout usage
- 75 g (1/2 tasse) de farine de blé entier
- 105 g (1/2 tasse) de cassonade, bien tassée
- 1 c. à table de levure chimique
- 1/2 c. à café (1/2 c. à thé) de cannelle moulue
- 1/2 c. à café (1/2 c. à thé) de cardamome moulue
- 1/4 c. à café (1/4 c. à thé) de clou de girofle moulu
- 3 œufs
- 2 c. à soupe de mélasse
- 60 ml (1/4 tasse) d'huile végétale
- 175 ml (3/4 tasse) de lait
- 30 g (1/4 tasse) de pacanes, hachées
- 30 g (1/4 tasse) de noix, hachées
- 2 c. à soupe de raisins secs dorés
- 45 g (1/4 tasse) de raisins de Corinthe secs

Muffins aux fraises
et au chocolat blanc

INGRÉDIENTS

PRÉPARATION

- 315 g (2 tasses) de farine tout usage
- 185 g (³/₄ tasse) de sucre
- 1 c. à soupe de levure chimique
- 2 œufs
- 4 c. à soupe de beurre, fondu et refroidi
- 250 ml (1 tasse) de lait
- 1 c. à café (1 c. à thé) d'extrait de vanille
- 170 g (³/₄ tasse) de grains de chocolat blanc
- 90 g (³/₄ tasse) de fraises fraîches, hachées

• Préchauffer le four à 180 ºC (350 ºF). Beurrer ou chemiser 12 moules à muffins. Tamiser la farine, le sucre et la levure chimique ensemble dans un grand bol. Dans un bol moyen, battre les œufs, le beurre, le lait et la vanille. Verser dans les ingrédients secs et remuer pour obtenir une pâte homogène (elle sera un peu grumeleuse). Incorporer le chocolat blanc et les fraises. Remplir les moules aux trois quarts.

• Cuire au four de 20 à 25 min, ou jusqu'à ce que les muffins soient dorés et qu'une brochette insérée au centre ressorte propre. Laisser refroidir 1 ou 2 min avant de démouler sur une grille. Servir chauds ou à la température ambiante.

VARIANTES

• Ne mettre que la moitié de la quantité de fraises et de chocolat blanc dans la pâte. Utiliser le reste pour décorer le dessus des muffins et cuire tel qu'indiqué dans la recette.

• Remplacer les fraises par d'autres petits fruits entiers au choix (framboises, bleuets, etc.).

• On peut remplacer les grains de chocolat blanc par des grains de chocolat noir ou de chocolat au lait.

• Pour une touche originale, décorer les muffins avec du chocolat noir fondu. Au bain-marie, faire fondre 60 g (2 oz) de chocolat mi-sucré haché au-dessus de l'eau qui mijote doucement. Utiliser un sac à douille ou une fourchette pour napper les muffins refroidis.

Muffins aux oignons caramélisés

6 muffins géants

- 7 c. à soupe de beurre
- 5 c. à soupe d'huile d'olive
- 1 oignon rouge, en fines tranches
- 1 c. à soupe de thym frais, émincé
- 315 g (2 tasses) de semoule de maïs
- 155 g (1 tasse) de farine tout usage
- 2 c. à soupe de sucre
- 1 c. à soupe de levure chimique
- 1 c. à café (1 c. à thé) de poivre fraîchement moulu
- ½ c. à café (½ c. à thé) de sel
- 2 œufs
- 250 ml (1 tasse) de lait

- Dans un poêlon moyen, faire fondre 3 c. à soupe de beurre avec 1 c. à soupe d'huile d'olive à feu moyen-doux. Ajouter les oignons et cuire de 10 à 15 min, ou jusqu'à ce qu'ils soient tendres et légèrement caramélisés. Incorporer le thym et réserver.

- Préchauffer le four à 180 °C (350 °F). Beurrer ou chemiser 6 moules à muffins géants. Dans une petite casserole, faire fondre le beurre restant avec 4 c. à soupe d'huile à feu moyen-doux. Réserver.

- Mettre la semoule de maïs dans un grand bol. Tamiser la farine, le sucre, la levure chimique et le poivre ensemble dans le bol contenant la semoule de maïs. Dans un bol moyen, battre les œufs, le lait et le beurre fondu. Verser dans les ingrédients secs et remuer pour obtenir une pâte homogène (elle sera un peu grumeleuse). Remplir les moules aux trois quarts. Faire une incision au centre de chaque muffin avec le dos d'une petite cuillère et remplir avec 1 c. à soupe de la préparation aux oignons.

- Cuire au four de 25 à 30 min, ou jusqu'à ce que les muffins soient dorés et qu'une brochette insérée au centre ressorte propre. Laisser refroidir 1 ou 2 min avant de démouler sur une grille. Servir chauds ou à la température ambiante.

VARIANTES

- Verser la moitié de la préparation aux oignons dans l'appareil en même temps que le beurre fondu.

- Le thym peut être remplacé par toutes les autres fines herbes fraîches ou séchées telles que le romarin, l'origan et le persil. Si on utilise des fines herbes séchées, utiliser le quart de la quantité prescrite pour les fines herbes fraîches.

Muffins au cheddar et au prosciutto

12 muffins

- 315 g (2 tasses) de farine tout usage
- 1 c. à soupe de sucre
- 1 c. à soupe de levure chimique
- 1/2 c. à café (1/2 c. à thé) de sel
- 1 c. à café (1 c. à thé) de poivre fraîchement moulu
- 1 œuf
- 60 ml (1/4 tasse) d'huile d'olive
- 250 ml (1 tasse) de lait
- 125 g (1 tasse) de cheddar, râpé
- 6 fines tranches de prosciutto, coupées en deux sur la longueur

- Préchauffer le four à 180 °C (350 °F). Beurrer ou chemiser 12 moules à muffins. Tamiser la farine, le sucre, la levure chimique, le sel et le poivre ensemble dans un grand bol. Dans un bol moyen, battre l'œuf, l'huile et le lait. Verser dans les ingrédients secs et remuer pour obtenir une pâte homogène (elle sera un peu grumeleuse). Incorporer le fromage. Remplir les moules aux trois quarts. Mettre une demi-tranche de prosciutto sur chaque muffin en la rentrant partiellement dans la pâte tout en laissant les extrémités sorties.

- Cuire au four de 20 à 25 min, ou jusqu'à ce que les muffins soient dorés et qu'une brochette insérée au centre ressorte propre. Laisser refroidir 1 ou 2 min avant de démouler sur une grille. Servir chauds ou à la température ambiante.

VARIANTES

- Remplacer le cheddar par du gruyère, du gouda, du parmesan, de l'édam ou du fontina. Chacun de ces fromages donnera un goût unique aux muffins.

- Pour diminuer la quantité de matières grasses, utiliser du lait et du fromage pauvres en matières grasses.

- Ajouter 1 c. à café (1 c. à thé) de moutarde et 2 c. à soupe de persil frais émincé à l'appareil.

Muffins à la mode mexicaine

12 muffins

- Préchauffer le four à 180 °C (350 °F). Beurrer ou chemiser 12 moules à muffins. Dans une petite casserole, faire fondre le beurre avec l'huile à feu doux. Réserver.

- Mettre la semoule de maïs dans un grand bol. Tamiser la farine, la levure chimique, le sel et le sucre ensemble dans le bol contenant la semoule de maïs. Incorporer le parmesan. Dans un bol moyen, battre les œufs, le lait et les piments. Incorporer le mélange de beurre et d'huile. Verser dans les ingrédients secs et remuer pour obtenir une pâte homogène (elle sera un peu grumeleuse). Remplir les moules aux trois quarts. On peut décorer les muffins en pressant un petit piment chili au centre de chaque muffin.

- Cuire au four de 20 à 25 min, ou jusqu'à ce que les muffins soient dorés et qu'une brochette insérée au centre ressorte propre. Laisser refroidir de 1 à 3 min avant de démouler sur une grille. Servir chauds ou à la température ambiante.

- 4 c. à soupe de beurre
- 60 ml ($^1/_4$ tasse) d'huile de maïs
- 315 g (2 tasses) de semoule de maïs jaune
- 155 g (1 tasse) de farine tout usage
- 1 c. à soupe de levure chimique
- $^1/_2$ c. à café ($^1/_2$ c. à thé) de sel
- 125 g ($^1/_2$ tasse) de sucre
- 90 g ($^3/_4$ tasse) de parmesan, râpé
- 2 œufs
- 250 ml (1 tasse) de lait
- 2 petits piments chili rouges, frais, émincés ou coupés en tranches (ou plus au goût)
- + 12 autres pour la décoration

INGRÉDIENTS

- 315 g (2 tasses) de farine tout usage
- 1 c. à soupe de sucre
- 1 c. à soupe de levure chimique
- 1 c. à café (1 c. à thé) de muscade moulue
- ½ c. à café (½ c. à thé) de sel
- 60 g (½ tasse) de parmesan, râpé
- 2 œufs
- 125 ml (½ tasse) d'huile d'olive légère
- 3 c. à soupe de jus de citron fraîchement pressé
- 200 g (1 ½ tasse) de courgettes, râpées (environ 3 petites)

PRÉPARATION

• Préchauffer le four à 180 °C (350 °F). Beurrer ou chemiser 24 moules à muffins miniatures. Tamiser la farine, le sucre, la levure chimique, la muscade et le sel ensemble dans un grand bol. Incorporer le fromage. Dans un bol moyen, battre les œufs, l'huile et le jus de citron. Incorporer les courgettes. Verser dans les ingrédients secs et remuer pour obtenir une pâte homogène (elle sera un peu grumeleuse). Remplir les moules aux trois quarts.

• Cuire au four de 15 à 20 min, ou jusqu'à ce que les muffins soient dorés et qu'une brochette insérée au centre ressorte propre. Laisser refroidir 1 ou 2 min avant de démouler sur une grille. Servir chauds ou à la température ambiante.

VARIANTES

• Pour diminuer la quantité de matières grasses, ne mettre que 60 ml (¼ tasse) d'huile d'olive et ajouter 60 ml (¼ tasse) de lait.

• Ajouter 75 g (½ tasse) de feta émiettée aux ingrédients liquides. Remplacer la muscade par 2 c. à café (2 c. à thé) de thym frais émincé.

• Remplacer la moitié des courgettes par des carottes râpées.

• Ajouter 60 g (½ tasse) de noix hachées à l'appareil avant de faire cuire les muffins.

Muffins aux tomates et aux fines herbes

6 muffins géants sans produits laitiers

• Préchauffer le four à 180 °C (350 °F). Beurrer ou chemiser 6 moules à muffins géants. Tamiser la farine, la levure chimique et le poivre ensemble dans un grand bol. Dans un bol moyen, battre les œufs, l'huile et la crème de tomate. Verser dans les ingrédients secs et remuer pour obtenir une pâte homogène (elle sera un peu grumeleuse). Incorporer les tomates, le basilic et les pignons. Remplir les moules aux trois quarts.

• Cuire au four de 25 à 30 min, ou jusqu'à ce que les muffins soient dorés et qu'une brochette insérée au centre ressorte propre. Laisser refroidir 1 ou 2 min avant de démouler sur une grille. Servir chauds ou à la température ambiante.

VARIANTES

• Remplacer la crème de tomate par de la crème de maïs. Remplacer les tomates séchées, le basilic et les pignons par 90 g (¹/₂ tasse) de grains de maïs frais et 2 c. à soupe de coriandre fraîche hachée.

• Ajouter 120 g (4 oz) de fromage de soja coupé en petits dés à l'appareil ou couvrir les muffins avec la même quantité de fromage de soja avant de les mettre au four.

• On peut utiliser les fines herbes de son choix dans cette recette.

• Remplacer les tomates séchées par des champignons séchés réhydratés.

• 315 g (2 tasses) de farine tout usage
• 1 c. à soupe de levure chimique
• ¹/₂ c. à café (¹/₂ c. à thé) de poivre fraîchement moulu
• ¹/₂ c. à café (¹/₂ c. à thé) de sel
• 4 œufs
• 125 ml (¹/₂ tasse) d'huile végétale
• 1 boîte de 315 g (10 oz) de crème de tomate
• 45 g (¹/₂ tasse) de tomates séchées (non conservées dans l'huile), gonflées dans l'eau, égouttées et hachées
• 15 g (¹/₂ tasse) de basilic frais, haché
• 2 c. à soupe de pignons

Muffins au couscous à la mode marocaine

INGRÉDIENTS

- 90 g (½ tasse) de couscous
- 125 ml (½ tasse) d'eau bouillante
- 235 g (1 ½ tasse) de farine tout usage
- 1 c. à soupe de sucre
- 1 c. à soupe de levure chimique
- ½ c. à café (½ c. à thé) de sel
- ½ c. à café (½ c. à thé) de cumin moulu
- ½ c. à café (½ c. à thé) de poivre fraîchement moulu
- 1 œuf
- 60 ml (¼ tasse) d'huile d'olive légère
- 10 g (¼ tasse) de coriandre fraîche, hachée
- 2 c. à soupe de citron confit, haché ou de zeste de citron, râpé
- 15 g (¼ tasse) d'oignons verts, en fines tranches

PRÉPARATION

- Préchauffer le four à 180 °C (350 °F). Beurrer ou chemiser 24 moules à muffins miniatures. Mettre le couscous dans un petit bol. Verser l'eau bouillante et couvrir. Laisser refroidir 5 min. Séparer les grains à l'aide d'une fourchette et réserver.

- Tamiser la farine, le sucre, la levure chimique, le cumin et le poivre ensemble dans un grand bol. Dans un bol moyen, battre les ingrédients restants et le couscous. Verser dans les ingrédients secs et remuer pour obtenir une pâte homogène (elle sera un peu grumeleuse). Remplir les moules aux trois quarts.

- Cuire au four de 15 à 20 min, ou jusqu'à ce que les muffins soient dorés et qu'une brochette insérée au centre ressorte propre. Laisser refroidir 1 ou 2 min avant de démouler sur une grille. Servir chauds ou à la température ambiante.

VARIANTE

- Pour une présentation originale, chemiser des pots en terre de 5 cm (2 po) avec du papier parchemin beurré. Verser la pâte dans les pots, les mettre sur une plaque à pâtisserie, puis cuire au four.

Muffins au pesto

12 muffins

• Préchauffer le four à 180 °C (350 °F). Beurrer ou chemiser 12 moules à muffins. Tamiser la farine, la levure chimique, le sel et le poivre ensemble dans un grand bol. Incorporer le parmesan et le basilic. Dans un bol moyen, battre l'œuf, l'huile et le lait. Verser dans les ingrédients secs et remuer pour obtenir une pâte homogène (elle sera un peu grumeleuse). Remplir les moules aux trois quarts. Napper chaque muffin avec 1 c. à soupe de pesto.

• Cuire au four de 20 à 25 min, ou jusqu'à ce que les muffins soient dorés et qu'une brochette insérée au centre ressorte propre. Laisser refroidir 1 ou 2 min avant de démouler sur une grille. Servir chauds ou à la température ambiante.

VARIANTES

• Le pesto classique est fait à base de basilic frais, de pignons, d'ail, de parmesan et d'huile d'olive, mais plusieurs variantes sont possibles. On peut le remplacer par du pesto de tomates séchées, de champignons sauvages, de coriandre fraîche ou de poivrons rouges.

• Remplacer le pesto par de la tapenade d'olives noires ou vertes. Ajouter 75 g (¼ tasse) d'olives noires ou vertes hachées finement.

• Ajouter 1 c. à café (1 c. à thé) de flocons de piment fort à la pâte pour obtenir un goût piquant.

• 315 g (2 tasses) de farine tout usage
• 1 c. à soupe de levure chimique
• 1 c. à café (1 c. à thé) de sel
• 1 c. à soupe de poivre fraîchement moulu
• 185 g (1 ½ tasse) de parmesan, râpé
• 2 c. à soupe de basilic frais, haché
• 1 œuf
• 80 ml (⅓ tasse) + 1 c. à soupe d'huile d'olive
• 250 ml (1 tasse) de lait
• 60 ml (¼ tasse) de pesto de basilic

Muffins aux pommes de terre et aux fines herbes

12 muffins

- 2 pommes de terre à bouillir, pelées et coupées en dés de 6 mm (¼ po)
- 315 g (2 tasses) de farine tout usage
- 1 c. à soupe de sucre
- 1 c. à soupe de levure chimique
- ½ c. à café (½ c. à thé) de sel
- ½ c. à café (½ c. à thé) de poivre fraîchement moulu
- 1 œuf
- 60 ml (¼ tasse) d'huile d'olive légère
- 250 ml (1 tasse) de lait
- 30 g (¼ tasse) d'oignons verts, en fines tranches
- 2 c. à soupe de persil frais, émincé
- 2 c. à soupe de ciboulette fraîche, émincée

PRÉPARATION

- Préchauffer le four à 180 ºC (350 ºF). Beurrer ou chemiser 12 moules à muffins. Cuire les pommes de terre dans l'eau bouillante salée de 7 à 10 min, ou jusqu'à ce qu'elles soient tendres. Égoutter et réserver.

- Tamiser la farine, le sucre, la levure chimique, le sel et le poivre ensemble dans un grand bol. Dans un bol moyen, battre l'œuf, l'huile, le lait, les oignons verts, le persil et la ciboulette. Verser dans les ingrédients secs et remuer pour obtenir une pâte homogène (elle sera un peu grumeleuse). Incorporer les pommes de terre. Remplir les moules aux trois quarts.

- Cuire au four de 20 à 25 min, ou jusqu'à ce que les muffins soient dorés et qu'une brochette insérée au centre ressorte propre. Laisser refroidir 1 ou 2 min avant de démouler sur une grille. Servir chauds ou à la température ambiante.

VARIANTES

- Remplacer les pommes de terre par la même quantité de patates douces ou de citrouille. Ajouter 1 c. à café (1 c. à thé) de muscade moulue.

- Hacher finement 2 ou 3 tranches de bacon fumé et cuire à feu moyen dans une poêle à revêtement antiadhésif. Égoutter sur du papier essuie-tout. Incorporer à l'appareil en même temps que les pommes de terre.

Muffins à la citrouille

12 muffins

• Si on utilise de la citrouille fraîche, la faire cuire dans l'eau bouillante salée de 10 à 15 min, ou jusqu'à ce qu'elle soit tendre. Égoutter et réduire en purée à l'aide du mélangeur jusqu'à consistance onctueuse. On aura besoin de 110 g (^{3}/$_4$ tasse) de purée pour cette recette.

• Préchauffer le four à 180 ºC (350 ºF). Beurrer ou chemiser 12 moules à muffins. Tamiser la farine, la cassonade, la levure chimique, le sel et les épices ensemble dans un grand bol. Dans un bol moyen, battre l'œuf, le beurre, le babeurre et la purée de citrouille. Verser dans les ingrédients secs et remuer pour obtenir une pâte homogène (elle sera un peu grumeleuse). Remplir les moules aux trois quarts. Couvrir chaque muffin avec 2 c. à café (2 c. à thé) de graines de tournesol ou de citrouille.

• Cuire au four de 20 à 25 min, ou jusqu'à ce que les muffins soient dorés et qu'une brochette insérée au centre ressorte propre. Laisser refroidir 1 ou 2 min avant de démouler sur une grille. Servir chauds ou à la température ambiante.

VARIANTES

• Muffins à la citrouille, à la feta et à l'origan : Remplacer la muscade par 2 c. à café (2 c. à thé) d'origan frais émincé. Incorporer doucement 125 g (^{3}/$_4$ tasse) de feta émiettée dans la pâte avant de la verser dans les moules.

• Étendre les graines de citrouille sur une grande plaque à pâtisserie et les saupoudrer avec 1 c. à café (1 c. à thé) d'assaisonnement au chili. Cuire 10 min dans le four préchauffé à 180 ºC (350 ºF). Laisser refroidir avant de les presser délicatement sur le dessus des muffins avant de les mettre au four.

• S'il reste de la purée de citrouille, la mélanger avec du fromage à la crème à la température ambiante. Ajouter du sirop d'érable au goût. Servir avec les muffins.

• 200 g (1 ^{1}/$_2$ à 2 tasses) de citrouille, pelée et hachée ou 110 g (^{3}/$_4$ tasse) de purée de citrouille en conserve
• 315 g (2 tasses) de farine tout usage
• 90 g (^{1}/$_3$ tasse) de cassonade
• 1 c. à soupe de levure chimique
• ^{1}/$_2$ c. à café (^{1}/$_2$ c. à thé) de cardamome moulue
• ^{1}/$_2$ c. à café (^{1}/$_2$ c. à thé) de muscade moulue
• ^{1}/$_2$ c. à café (^{1}/$_2$ c. à thé) de sel
• ^{1}/$_2$ c. à café (^{1}/$_2$ c. à thé) de poivre fraîchement moulu
• 1 œuf
• 5 c. à soupe de beurre, fondu et refroidi
• 175 ml (^{3}/$_4$ tasse) de lait
• 60 g (^{1}/$_2$ tasse) de graines de tournesol ou de graines de citrouille, écalées

Muffins à la feta, aux poivrons et aux fines herbes

12 muffins

- 1 poivron rouge
- Huile d'olive pour badigeonner
- 315 g (2 tasses) de farine tout usage
- 1 c. à soupe de levure chimique
- 1/2 c. à café (1/2 c. à thé) de sel
- 1 c. à café (1 c. à thé) de poivre fraîchement moulu
- 2 c. à café (2 c. à thé) d'origan frais, émincé
- 1 c. à café (1 c. à thé) de thym frais, émincé
- 2 œufs
- 250 ml (1 tasse) de lait
- 60 ml (1/4 tasse) d'huile d'olive légère
- 75 g (1/2 tasse) de feta, émiettée

- Préchauffer le four à 180 ºC (350 ºF). Badigeonner le poivron avec l'huile et le mettre sur une plaque à pâtisserie. Griller au four de 45 à 50 min, ou jusqu'à ce que la pelure soit boursouflée et que la chair soit tendre. Sortir le poivron du four et le mettre dans un sac de papier. Fermer le sac et laisser refroidir environ 15 min. Peler, épépiner et couper en lanières de 2,5 cm (1 po). Réserver.

- Préchauffer le four à 180 ºC (350 ºF). Beurrer ou chemiser 12 moules à muffins. Tamiser la farine, la levure chimique, le sel et le poivre ensemble dans un grand bol. Incorporer l'origan et le thym. Dans un bol moyen, battre les ingrédients restants. Verser dans les ingrédients secs et remuer pour obtenir une pâte homogène (elle sera un peu grumeleuse). Remplir les moules aux trois quarts.

- Cuire au four de 20 à 25 min, ou jusqu'à ce que les muffins soient dorés et qu'une brochette insérée au centre ressorte propre. Laisser refroidir 1 ou 2 min avant de démouler sur une grille. Servir chauds ou à la température ambiante.

Muffins aux piments et au babeurre

6 muffins géants

- 155 g (1 tasse) de semoule de maïs
- 155 g (1 tasse) de farine tout usage
- 60 g (1/4 tasse) de sucre
- 1 c. à soupe de levure chimique
- 1/4 c. à café (1/4 c. à thé) de sel
- 250 ml (1 tasse) de babeurre
- 6 c. à soupe de beurre, fondu et refroidi
- 1 œuf
- 1 à 2 piments jalapenos rouges, épépinés et émincés

- Préchauffer le four à 180 ºC (350 ºF). Beurrer ou chemiser 6 moules à muffins géants. Tamiser la semoule de maïs, la farine, le sucre, la levure chimique et le sel ensemble dans un grand bol. Dans un bol moyen, battre le babeurre, le beurre, l'œuf et les piments. Verser dans les ingrédients secs et remuer pour obtenir une pâte homogène (elle sera un peu grumeleuse). Remplir les moules aux trois quarts.

- Cuire au four de 20 à 25 min, ou jusqu'à ce que les muffins soient dorés et qu'une brochette insérée au centre ressorte propre. Laisser refroidir 1 ou 2 min avant de démouler sur une grille. Servir chauds ou à la température ambiante.

Muffins aux sept grains

12 muffins

- 155 g (³/₄ tasse) de céréales aux sept grains
- 375 ml (1 ¹/₂ tasse) d'eau bouillante
- 235 g (1 ¹/₂ tasse) de farine tout usage
- 60 g (¹/₄ tasse) de cassonade, bien tassée
- 1 c. à soupe de levure chimique
- ¹/₂ c. à café (¹/₂ c. à thé) de sel
- 1 œuf
- 80 ml (¹/₃ tasse) d'huile végétale

- Mettre les céréales dans un grand bol et verser l'eau bouillante par-dessus. Couvrir et laisser refroidir environ 30 min, jusqu'à ce qu'elles soient refroidies et que l'eau soit presque complètement absorbée. Bien égoutter.

- Préchauffer le four à 180 °C (350 °F). Beurrer ou chemiser 12 moules à muffins. Tamiser la farine, la cassonade, la levure chimique et le sel ensemble dans un grand bol. Dans un bol moyen, battre l'œuf, l'huile et les céréales refroidies et bien égouttées. Verser dans les ingrédients secs et remuer pour obtenir une pâte homogène (elle sera un peu grumeleuse). Remplir les moules aux trois quarts.

- Cuire au four de 20 à 25 min, ou jusqu'à ce que les muffins soient dorés et qu'une brochette insérée au centre ressorte propre. Laisser refroidir 1 ou 2 min avant de démouler sur une grille. Servir chauds ou à la température ambiante.

VARIANTES

- Il n'est pas nécessaire de mettre de la cassonade dans cette recette.

- Incorporer 90 g (¹/₂ tasse) de dattes hachées et/ou 1 banane hachée à l'appareil avant de remplir les moules.

- On peut acheter les céréales multigrains dans les magasins d'aliments naturels. Le nombre de grains peut varier. Ces céréales renferment des ingrédients variés tels que : blé concassé, farine de seigle, semoule de maïs, sarrasin, orge, graines de sésame, graines de lin, millet, riz, soja, etc.

Muffins épicés au salami

12 muffins

- 315 g (2 tasses) de farine tout usage
- 1 c. à soupe de levure chimique
- ½ c. à café (½ c. à thé) de sel
- 1 c. à café (1 c. à thé) d'assaisonnement au chili
- 1 c. à café (1 c. à thé) de flocons de piment fort
- 125 g (1 tasse) de parmesan, râpé
- 3 c. à soupe de persil frais, émincé
- 2 œufs
- 250 ml (1 tasse) de lait
- 80 ml (⅓ tasse) d'huile d'olive légère
- 210 g (7 oz) de salami, coupé en fines tranches puis en lamelles

- Préchauffer le four à 180 °C (350 °F). Beurrer ou chemiser 12 moules à muffins. Tamiser la farine, la levure chimique, le sel et l'assaisonnement au chili ensemble dans un grand bol. Incorporer les flocons de piment fort, le parmesan et le persil. Dans un bol moyen, battre les œufs, le lait et l'huile d'olive. Verser dans les ingrédients secs et remuer pour obtenir une pâte homogène (elle sera un peu grumeleuse). Incorporer environ le quart du salami. Remplir les moules aux trois quarts et décorer avec le salami restant.

- Cuire au four de 20 à 25 min, ou jusqu'à ce que les muffins soient dorés et qu'une brochette insérée au centre ressorte propre. Laisser refroidir 1 ou 2 min avant de démouler sur une grille. Servir chauds ou à la température ambiante.

Muffins au gorgonzola et aux noix

12 muffins

- 235 g (1 ½ tasse) de farine tout usage
- 1 c. à soupe de levure chimique
- ½ c. à café (½ c. à thé) de sel
- 1 œuf
- 4 c. à soupe de beurre, fondu et refroidi
- 250 ml (1 tasse) de lait
- 75 g (½ tasse) de gorgonzola, émietté (ou autre fromage bleu)
- 60 g (½ tasse) de noix, hachées + 12 demi-noix

- Préchauffer le four à 180 °C (350 °F). Beurrer ou chemiser 12 moules à muffins. Tamiser la farine, le sel et la levure chimique ensemble dans un grand bol. Dans un bol moyen, battre l'œuf, le beurre, le lait et le fromage. Verser dans les ingrédients secs et remuer pour obtenir une pâte homogène (elle sera un peu grumeleuse). Incorporer les noix hachées. Remplir les moules aux trois quarts. Mettre une demi-noix sur chaque muffin.

- Cuire au four de 20 à 25 min, ou jusqu'à ce que les muffins soient dorés et qu'une brochette insérée au centre ressorte propre. Laisser refroidir 1 ou 2 min avant de démouler sur une grille. Servir chauds ou à la température ambiante.

Muffins au maïs et au fromage de chèvre

12 muffins

- 4 épis de maïs, nettoyés et égrenés
- 4 c. à soupe de beurre
- 60 ml (¼ tasse) d'huile végétale
- 315 g (2 tasses) de semoule de maïs jaune
- 155 g (1 tasse) de farine tout usage
- 2 c. à soupe de sucre
- 1 c. à soupe de levure chimique
- 1 c. à café (1 c. à thé) de sel
- 1 c. à café (1 c. à thé) de poivre fraîchement moulu
- 1 c. à café (1 c. à thé) de flocons de piment fort (facultatif)
- 250 ml (1 tasse) de lait
- 75 g (½ tasse) de fromage de chèvre doux, émietté
- 2 c. à soupe de coriandre fraîche, émincée

• Préchauffer le four à 180 ºC (350 ºF). Beurrer ou chemiser 12 moules à muffins. Amener une grande marmite d'eau à ébullition et y déposer les épis de maïs. Cuire 3 min, égoutter et laisser refroidir jusqu'à ce qu'on puisse les toucher sans se brûler. Égrener les épis à l'aide d'un couteau bien affûté (mouvements de haut en bas). Réserver.

• Dans une petite casserole, faire fondre le beurre avec l'huile à feu moyen. Réserver. Mettre la semoule de maïs dans un grand bol. Tamiser la farine, le sucre, la levure chimique, le sel et le poivre ensemble dans le bol contenant la semoule de maïs. Incorporer les flocons de piment fort. Dans un bol moyen, battre le lait, le fromage, la coriandre, les grains de maïs refroidis et le beurre fondu. Verser dans les ingrédients secs et remuer pour obtenir une pâte homogène (elle sera un peu grumeleuse). Remplir les moules aux trois quarts.

• Cuire au four de 20 à 25 min, ou jusqu'à ce que les muffins soient dorés et qu'une brochette insérée au centre ressorte propre. Laisser refroidir 1 ou 2 min avant de démouler sur une grille. Servir chauds ou à la température ambiante.

VARIANTES

• Pour ajouter une touche originale, remplacer le fromage de chèvre par de la mozzarella fumée. Dans certaines épiceries, on peut aussi se procurer du fromage de chèvre fumé.

• Utiliser 2 épis de maïs plutôt que 4 et ajouter 90 g (¾ tasse) de petits pois verts cuits pour faire des muffins deux couleurs.

• On peut faire cuire ces muffins dans des petits moules à charlotte métalliques de 180 ml (¾ tasse). Mettre les moules sur une plaque à pâtisserie avant de faire cuire les muffins.

PETITS GÂTEAUX

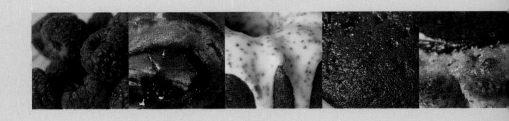

Gâteaux secs aux pommes et à la cannelle

2 gâteaux de 13 cm (5 po)

- Pour faire la croûte : Mettre les ingrédients dans un bol et bien remuer. Beurrer et chemiser deux moules ronds à parois amovibles de 13 cm (5 po). Diviser le mélange en parts égales dans les moules et presser le dessus. Conserver de 5 à 10 min dans le réfrigérateur pendant la préparation du gâteau.

- Pour faire le gâteau : Dans un grand bol, battre les œufs et le sucre jusqu'à épaississement (la couleur doit être pâle). Incorporer la vanille. Tamiser la farine et la levure chimique sur une feuille de papier ciré (sulfurisé). Incorporer la farine et le beurre dans les œufs battus en alternant. Verser dans les deux moules contenant la croûte. Pour la garniture : Dresser les tranches de pomme sur le dessus. Badigeonner avec le beurre fondu et saupoudrer de cannelle.

- Cuire au four de 30 à 35 min, ou jusqu'à ce qu'une brochette insérée au centre ressorte propre. Laisser refroidir 10 min avant de démouler sur une grille. Servir chaud ou à la température ambiante.

INGRÉDIENTS

CROÛTE
- 185 g (³/₄ tasse) de cassonade, bien tassée
- 90 g (³/₄ tasse) de pacanes, finement hachées
- 2 c. à soupe de beurre, fondu

GÂTEAU
- 4 œufs
- 155 g (³/₄ tasse) de sucre extrafin
- 1 c. à café (1 c. à thé) d'extrait de vanille
- 155 g (1 tasse) de farine tout usage
- 2 c. à café (2 c. à thé) de levure chimique
- 125 g (¹/₂ tasse) de beurre, fondu et refroidi

GARNITURE
- 1 pomme, pelée, évidée et coupée en fines tranches
- 1 c. à soupe de beurre, fondu
- 1 c. à café (1 c. à thé) de cannelle moulue

INGRÉDIENTS

- 125 g (4 oz) de biscuits Graham ou d'autres biscuits sucrés nature
- 5 c. à soupe de beurre, fondu
- 500 g (4 tasses) de ricotta
- 500 g (1 lb) de fromage à la crème, à la température ambiante
- 105 g (½ tasse) de sucre extrafin
- 1 c. à café (1 c. à thé) d'extrait de vanille
- 3 œufs
- 185 g (1 ½ tasse) de framboises fraîches

PRÉPARATION

- Réduire les biscuits en fine poudre à l'aide du mélangeur ou du robot de cuisine. Verser dans un grand bol et ajouter le beurre. Mettre 2 c. à soupe de ce mélange dans chacun des 12 moules à muffins. Presser fermement le dessus avec le dos d'une cuillère. Conserver 30 min dans le réfrigérateur.

- Préchauffer le four à 165 °C (325 °F). À l'aide du mélangeur, du robot de cuisine ou du batteur électrique, battre la ricotta, le fromage à la crème, le sucre, la vanille et les œufs jusqu'à consistance onctueuse. Verser dans les moules en remplissant ceux-ci aux trois quarts (ou un peu plus).

- Cuire au four de 25 à 30 min, ou jusqu'à ce que le centre des muffins soit ferme au toucher. Laisser refroidir complètement dans les moules. Décoller les gâteaux des parois à l'aide d'un couteau puis démouler sur une grille. Couvrir avec les framboises.

VARIANTES

- Remplacer le sucre par 90 g (¼ tasse) de miel ou de sirop d'érable.

- Mettre des framboises fraîches sur les petits gâteaux avant de les faire cuire.

- Remplacer les biscuits Graham par des biscuits au chocolat. Ou ajouter 3 c. à soupe de grains de chocolat blanc ou noir ou 60 g (2 oz) de chocolat mi-sucré râpé à l'appareil avant de mettre les petits gâteaux dans le four.

Puddings au pain et au beurre

12 portions

- 12 tranches de pain aux raisins, sans croûtes
- 4 c. à soupe de beurre, à la température ambiante
- 90 g ($^1/_3$ tasse) de confitures de framboises
- 90 g ($^3/_4$ tasse) de bleuets frais ou décongelés
- 2 œufs
- 500 ml (2 tasses) de crème épaisse (35 %)
- 125 g ($^1/_2$ tasse) de sucre granulé
- 60 g ($^1/_4$ tasse) de sucre extrafin pour saupoudrer (facultatif)

• Préchauffer le four à 180 °C (350 °F). Couper chaque tranche de pain en 4 triangles et beurrer des deux côtés. Étendre un peu de confiture sur un seul côté. Mettre un triangle de pain, confiture vers le haut, dans chacun des 12 moules à muffins. Ajouter 3 ou 4 bleuets et couvrir avec un autre triangle de pain. Couvrir de bleuets.

• Dans un bol moyen, battre les œufs, la crème et le sucre granulé. Verser très lentement dans les moules et en rajouter un peu au fur et à mesure que la préparation est absorbée par le pain. Mettre la plaque à muffins dans une lèchefrite. Verser de l'eau bouillante dans la lèchefrite jusqu'au tiers de la hauteur de la plaque à muffins. Cuire au four de 35 à 40 min, ou jusqu'à ce que le centre des puddings soit ferme au toucher.

• Sortir les poudings du four et de la lèchefrite et laisser refroidir complètement au moins 2 h. Décoller les poudings des parois à l'aide d'un couteau et démouler. Étendre le sucre extrafin sur une grande assiette et rouler les poudings avant de servir.

VARIANTES

• Remplacer les bleuets par d'autres petits fruits frais. On peut aussi remplacer les fruits frais par 60 g ($^1/_2$ tasse) de cerises, de canneberges ou de bleuets séchés.

• Pour diminuer la quantité de matières grasses, remplacer la crème par du lait pauvre en matières grasses. On peut aussi couper la quantité de sucre extrafin en deux.

INGRÉDIENTS

- 120 g (4 oz) de chocolat mi-sucré, haché
- 125 g (½ tasse) de beurre
- 2 œufs
- 375 g (1½ tasse) de sucre
- 1 c. à café (1 c. à thé) d'extrait de vanille
- 125 g (¾ tasse) de farine tout usage
- Poudre de cacao non sucrée pour saupoudrer (facultatif)

PRÉPARATION

• Préchauffer le four à 190 °C (375 °F). Beurrer 12 moules à muffins ou des moules métalliques de formes variées. Si on utilise ces derniers, on prendra soin de les mettre sur une plaque à pâtisserie avant de les enfourner. Dans un bain-marie contenant de l'eau qui mijote à peine, faire fondre le chocolat et le beurre. Réserver.

• Dans un grand bol, battre les œufs et le sucre jusqu'à épaississement (la couleur doit être pâle). Incorporer la vanille. Ajouter le chocolat fondu et bien remuer. Ajouter la farine et bien remuer. Remplir les moules aux trois quarts.

• Cuire au four de 20 à 25 min, ou jusqu'à ce qu'une brochette insérée au centre ressorte propre. Ne pas laisser trop cuire. Laisser refroidir complètement dans les moules. Saupoudrer de poudre de cacao avant de servir.

VARIANTES

• Pour faire des brownies moins consistants, n'utiliser que 250 g (1 tasse) de sucre.

• Ajouter 90 g (¾ tasse) d'amandes grillées, de noix, de pacanes, de noix de macadam ou de noisettes à l'appareil.

• Ajouter 90 g (½ tasse) de grains de chocolat blanc et 90 g (½ tasse) de grains de chocolat noir à l'appareil pour une version encore plus décadente…

Scones au babeurre

18 scones

- 470 g (3 tasses) de farine tout usage
- 60 g ($^1/_4$ tasse) de sucre
- 1 c. à soupe de levure chimique
- $^1/_2$ c. à café ($^1/_2$ c. à thé) de sel
- 185 g ($^3/_4$ tasse) de beurre très froid
- 250 ml (1 tasse) de babeurre +
  1 à 2 c. à soupe au besoin
- Confiture et beurre

- Préchauffer le four à 200 ºC (400 ºF). Beurrer ou chemiser une plaque à pâtisserie avec du papier parchemin.

- Tamiser la farine, le sucre, la levure chimique et le sel ensemble dans un grand bol. Râper le beurre froid dans le bol contenant la farine à l'aide d'une râpe à grands trous. Avec les doigts ou un coupe-pâte, couper le beurre dans la farine pour obtenir des miettes grossières. Ajouter 125 ml ($^1/_2$ tasse) de babeurre et remuer doucement à l'aide d'une fourchette. Ajouter le babeurre restant (et un peu plus au besoin) pour bien humecter la pâte. Façonner une boule avec la pâte.

- Sur une planche légèrement farinée, pétrir doucement la pâte à quelques reprises pour la rendre élastique. Façonner un cercle de 20 cm (8 po). Avec un emporte-pièce de 4 cm (1 $^1/_2$ po), couper 18 cercles de pâte (fariner légèrement l'emporte-pièce chaque fois). Mettre les cercles sur la plaque à pâtisserie.

- Cuire au four de 10 à 12 min, ou jusqu'à ce que les scones soient gonflés et dorés. Laisser refroidir sur une grille. Servir les scones chauds avec de la confiture et du beurre.

VARIANTES

- Ajouter 1 c. à soupe de zeste de citron finement râpé et 1 c. à soupe de graines de pavot aux ingrédients secs. On peut aussi mélanger du zeste de citron et du zeste d'orange.

- Ajouter 2 c. à soupe d'abricots séchés finement hachés et 2 c. à soupe de petits raisins secs foncés.

- Ajouter 30 g ($^1/_4$ tasse) de canneberges séchées et 1 à 2 c. à soupe de zeste de citron, d'orange ou de lime (citron vert) finement râpé.

- Pour faire des scones plus épicés, tamiser $^1/_2$ c. à café ($^1/_2$ c. à thé) de piment de la Jamaïque moulu, 1 c. à café (1 c. à thé) de cannelle moulue et $^1/_2$ c. à café ($^1/_2$ c. à thé) de muscade moulue avec la farine, le sucre et la levure chimique.

Petits gâteaux aux carottes

16 petits gâteaux de 5 cm (2 po)

- 4 œufs
- 140 g (²/₃ tasse) de sucre extrafin
- 220 g (1 ¼ tasse) de farine tout usage
- 1 c. à café (1 c. à thé) de levure chimique
- 1 c. à café (1 c. à thé) de cannelle moulue
- ½ c. à café (½ c. à thé) de piment
  de la Jamaïque moulu
- 125 g (½ tasse) de beurre, fondu
  et refroidi
- 1 c. à soupe de zeste d'orange, râpé
- 75 g (¾ tasse) de carottes,
  finement râpées
- 60 g (½ tasse) de noix, finement hachées
- Glaçage au fromage à la crème
  (recette suivante)

• Préchauffer le four à 180 °C (350 °F). Beurrer et chemiser avec du papier parchemin un moule à gâteau de 20 x 20 cm (8 x 8 po). Dans un grand bol, battre les œufs et le sucre jusqu'à épaississement (la couleur doit être pâle). Tamiser la farine, la levure chimique et les épices ensemble sur une feuille de papier ciré (sulfurisé). Ajouter les œufs et le beurre fondu aux ingrédients secs en alternant. Incorporer le zeste, les carottes et les noix.

• Cuire au four de 30 à 35 min, ou jusqu'à ce qu'une brochette insérée au centre ressorte propre. Laisser refroidir 5 min dans le moule avant de démouler sur une grille. Napper de glaçage au fromage à la crème, découper en carrés de 5 cm (2 po) et servir.

Glaçage au fromage à la crème

250 ml (1 tasse)

- 4 c. à soupe de beurre,
  à la température ambiante
- 180 g (6 oz) de fromage à la crème,
  à la température ambiante
- 250 g (2 tasses) de sucre glace, tamisé
- 2 c. à café (2 c. à thé) de jus de citron
  fraîchement pressé

• Dans un bol moyen, mélanger le beurre et le fromage à la crème. Incorporer le sucre glace et le jus de citron. Remuer jusqu'à consistante onctueuse.

Scones au cheddar

4 gros scones

• Préchauffer le four à 200 °C (400 °F). Beurrer ou chemiser une plaque à pâtisserie avec du papier parchemin. Tamiser la farine, la levure chimique, la moutarde, le sel et le poivre ensemble dans un grand bol. Râper le beurre froid dans le bol contenant la farine à l'aide d'une râpe à grands trous. Avec les doigts ou un coupe-pâte, couper le beurre dans la farine pour obtenir des miettes grossières. Ajouter 125 ml (½ tasse) de babeurre et remuer doucement à l'aide d'une fourchette. Ajouter 1 ou 2 c. à soupe de babeurre au besoin.

• Sur une planche légèrement farinée, pétrir doucement la pâte à quelques reprises pour la rendre élastique. Façonner un cercle de 25 cm (10 po). Avec un couteau bien affûté, couper en 4 pointes. Mettre les scones sur la plaque à pâtisserie et badigeonner légèrement avec l'œuf battu.

• Cuire au four de 20 à 25 min, ou jusqu'à ce que les scones soient bruns. Laisser refroidir sur la plaque 1 ou 2 min avant de les laisser refroidir sur une grille. Servir les scones chauds.

VARIANTES

• Ajouter des fines herbes et des épices à l'appareil en même temps que le fromage : ex. : 2 c. à soupe de ciboulette, de romarin ou de thym frais émincé ; 1 ½ c. à café (1 ½ c. à thé) de flocons de piment fort ; 1 c. à café (1 c. à thé) de cumin moulu et 2 c. à soupe de coriandre fraîche hachée.

• Remplacer 30 g (¼ tasse) de cheddar par du parmesan râpé. Ajouter 2 c. à soupe de tomates séchées conservées dans l'huile, égouttées et hachées, ou du poivron rouge grillé.

Ingrédients :

- 545 g (3 ½ tasses) de farine tout usage
- 1 c. à soupe de levure chimique
- 1 c. à café (1 c. à thé) de moutarde sèche
- ½ c. à café (½ c. à thé) de sel
- 1 c. à café (1 c. à thé) de poivre fraîchement moulu
- 125 g (½ tasse) de beurre très froid
- 125 g (1 tasse) de cheddar, finement râpé
- 125 ml (½ tasse) de babeurre + 1 à 2 c. à soupe au besoin
- 1 œuf, légèrement battu avec 1 c. à soupe de lait

6 petits gâteaux

- 125 g (¹/₄ tasse) de beurre, à la température ambiante
- 220 g (1 tasse) de sucre extrafin
- 2 œufs
- 1 c. à café (1 c. à thé) de vanille
- 235 g (1 ¹/₂ tasse) de farine tout usage
- 20 g (¹/₄ tasse) de poudre de cacao non sucrée
- 2 c. à café (2 c. à thé) de levure chimique
- 175 ml (³/₄ tasse) de lait
- 120 g (4 oz) de chocolat mi-sucré, râpé
- Glaçage au chocolat (recette suivante)

- Préchauffer le four à 180 °C (350 °F). Beurrer 6 petits moules à gâteaux tubulaires ou en forme de couronne individuels. Dans un grand bol, battre le beurre et le sucre jusqu'à épaississement (la couleur doit être pâle). Incorporer les œufs en battant, un à la fois. Incorporer la vanille. Tamiser la farine, la poudre de cacao et la levure chimique ensemble sur une feuille de papier ciré (sulfurisé). Incorporer la farine et le lait à cette préparation en alternant. Incorporer le chocolat râpé. Verser dans les moules. Mettre les moules sur une plaque à pâtisserie.

- Cuire au four de 45 à 50 min, ou jusqu'à ce qu'une brochette insérée au centre ressorte propre. Laisser refroidir 5 min dans les moules, puis démouler sur une grille. Laisser refroidir complètement. Couvrir de sucre glace ou de glaçage au chocolat. Verser le glaçage sur les gâteaux refroidis et le laisser couler de chaque côté.

Glaçage au chocolat

250 ml (1 tasse)

- 185 g (1 ¹/₂ tasse) de sucre glace
- 2 c. à soupe de poudre de cacao non sucrée
- 2 c. à soupe de beurre, fondu
- 2 à 3 c. à soupe d'eau chaude

- Tamiser le sucre glace et la poudre de cacao ensemble dans un bol moyen. Ajouter le beurre et remuer. Ajouter l'eau, 1 c. à soupe à la fois, jusqu'à ce que le glaçage soit facile à verser.

Friands au chocolat et aux noix

24 friands

- Préchauffer le four à 230 °C (450 °F). Beurrer ou chemiser 24 moules à muffins miniatures ou beurrer 12 petits moules à brioches cannelés. Étendre les amandes sur une plaque à pâtisserie et cuire au four 10 min, ou jusqu'à ce qu'elles soient légèrement grillées. Sortir du four et laisser refroidir.

- À l'aide du mélangeur ou du robot de cuisine, pulvériser les amandes jusqu'à ce qu'elles ressemblent à une farine fine. Verser dans un grand bol. Tamiser le sucre glace et la farine dans le bol contenant les amandes. Incorporer les blancs d'œufs, le chocolat et les pacanes. Ajouter le beurre et remuer pour obtenir une consistance homogène. Remplir les moules aux trois quarts. (Si on utilise des moules à brioches, les placer sur une plaque à pâtisserie avant de les mettre au four. Laisser les moules refroidir après la première fournée et les beurrer de nouveau avant de procéder à la deuxième fournée.)

- Cuire au four de 15 à 20 min, ou jusqu'à ce que les friands soient dorés et qu'une brochette insérée au centre ressorte propre. Laisser refroidir 5 min dans les moules avant de démouler sur une grille. Laisser refroidir complètement avant de napper avec le glaçage.

- 170 g (1 tasse) d'amandes entières
- 185 g (1 ½ tasse) de sucre glace
- 75 g (½ tasse) de farine tout usage
- 5 blancs d'œufs
- 60 g (2 oz) de chocolat mi-sucré, râpé
- 60 g (½ tasse) de pacanes, finement hachées
- 185 g (¾ tasse) de beurre, fondu et refroidi
- Glaçage au beurre de chocolat (recette ci-bas)

Glaçage au beurre de chocolat

175 ml (¾ tasse)

- Dans un petit bol, mélanger le beurre et la poudre de cacao pour obtenir une consistance homogène. Incorporer lentement le sucre glace et remuer. Incorporer la vanille.

- 4 c. à soupe de beurre, à la température ambiante
- 20 g (¼ tasse) de poudre de cacao non sucrée
- 90 g (⅔ tasse) de sucre glace, tamisé
- 1 c. à café (1 c. à thé) d'extrait de vanille

- 315 g (2 tasses) de farine tout usage
- 250 g (1 tasse) de sucre
- 2 c. à café (2 c. à thé) de levure chimique
- 1 c. à café (1 c. à thé) de gingembre moulu
- ½ c. à café (½ c. à thé) de cannelle moulue
- 2 œufs
- 125 ml (½ tasse) de miel
- 125 g (½ tasse) de beurre, fondu
- 175 ml (¾ tasse) d'eau bouillante
- 2 c. à soupe de gingembre confit, émincé
- Glaçage au citron (recette ci-bas) (facultatif)

- Préchauffer le four à 180 ºC (350 ºF). Beurrer ou chemiser 12 moules à muffins ou 12 petits pots en terre cuite. (Si on utilise ces derniers, les mettre sur une plaque à pâtisserie.) Tamiser la farine, le sucre, la levure chimique, le gingembre et la cannelle ensemble dans un grand bol. Dans un bol moyen, battre les œufs, le miel et le beurre. Verser dans les ingrédients secs et bien remuer. Ajouter l'eau bouillante et le gingembre confit et bien remuer. Remplir les moules.

- Cuire au four de 20 à 25 min, ou jusqu'à ce que les gâteaux soient dorés et qu'une brochette insérée au centre ressorte propre. Laisser refroidir 10 min avant de démouler sur une grille. Servir les gâteaux chauds ou à la température ambiante. Si on utilise le glaçage, laisser les gâteaux refroidir complètement et les napper de glaçage à l'aide d'un couteau ou d'une petite cuillère. Laisser le glaçage refroidir avant de servir.

VARIANTES

- Petits gâteaux au gingembre et aux bananes : Ajouter 1 banane hachée à l'appareil.

- Petits gâteaux aux fruits : Ajouter 90 g (½ tasse) de raisins de Corinthe ou de raisins secs foncés ou dorés à l'appareil.

- Remplacer 1 c. à soupe de gingembre confit par la même quantité de gingembre frais râpé.

Glaçage au citron
175 ml (¾ tasse)

- 125 g (1 tasse) de sucre glace
- 3 à 4 c. à soupe de jus de citron fraîchement pressé

- Tamiser le sucre glace dans un bol moyen. Incorporer lentement le jus de citron et remuer jusqu'à ce que le glaçage ait la bonne consistance pour être étendu sur les gâteaux.

Petits gâteaux au citron

6 petits gâteaux

• Préchauffer le four à 200 °C (400 °F). Beurrer 6 petits moules à gâteaux tubulaires ou en forme de couronne individuels. Dans un bol moyen, battre les œufs et le sucre jusqu'à épaississement (la couleur doit être pâle). Tamiser la farine et la levure chimique ensemble sur une feuille de papier ciré (sulfurisé). Incorporer dans les œufs en trois fois. Incorporer lentement le beurre, la vanille et le zeste. Bien remuer. Remplir les moules aux trois quarts.

• Cuire au four de 25 à 30 min, ou jusqu'à ce que les gâteaux soient dorés et qu'une brochette insérée au centre ressorte propre. Laisser refroidir 5 min dans les moules avant de démouler sur une grille. Verser le glaçage sur les gâteaux refroidis et le laisser couler de chaque côté.

Glaçage au citron et aux graines de pavot

175 ml (³/₄ tasse)

• Tamiser le sucre glace dans un bol moyen. Incorporer les graines de pavot. Incorporer le jus de citron, 1 c. à soupe à la fois. Remuer jusqu'à ce que le glaçage soit facile à verser.

- 4 œufs
- 155 g (²/₃ tasse) de sucre
- 220 g (1 ¼ tasse) de farine tout usage
- 1 c. à café (1 c. à thé) de levure chimique
- 125 g (¹/₂ tasse) + 2 c. à soupe de beurre, fondu et refroidi
- 1 c. à café (1 c. à thé) d'extrait de vanille
- 2 c. à soupe de zeste de citron, finement râpé
- Glaçage au citron et aux graines de pavot (recette suivante)

- 125 g (1 tasse) de sucre glace
- 2 c. à soupe de graines de pavot
- 3 à 4 c. à soupe de jus de citron fraîchement pressé

Madeleines

18 madeleines

- 4 œufs
- 185 g (³/₄ tasse) de sucre granulé
- 1 c. à café (1 c. à thé) d'extrait de vanille
- 155 g (1 tasse) de farine tout usage
- 1 c. à café (1 c. à thé) de levure chimique
- 125 g (¹/₂ tasse) de beurre, fondu et refroidi
- Sucre glace pour saupoudrer

• Préchauffer le four à 220 °C (425 °F). Beurrer 12 ou 18 moules à madeleines. Dans un grand bol, battre les œufs et le sucre jusqu'à épaississement (la couleur doit être pâle). Incorporer la vanille. Tamiser la farine et la levure chimique ensemble sur une feuille de papier ciré (sulfurisé). Incorporer la farine en trois fois dans les œufs battus en ajoutant le beurre lors de la dernière addition. Couvrir et garder 10 min dans le réfrigérateur. Verser dans les moules.

• Cuire au four 5 min. Réduire la température à 200 °C (400 °F) et cuire 5 min de plus. Laisser refroidir 5 min dans les moules avant de démouler sur une grille. Laisser refroidir complètement. Si on utilise une plaque à 12 moules, laisser refroidir, beurrer de nouveau et faire cuire la pâte restante. Saupoudrer de sucre glace et servir.

Petits gâteaux à la noix de coco

12 petits gâteaux

- 185 g (³/₄ tasse) de beurre, à la température ambiante
- 220 g (1 tasse) de sucre extrafin
- 2 œufs
- 1 c. à café (1 c. à thé) d'extrait de vanille
- 1 c. à café (1 c. à thé) d'extrait d'amande
- 235 g (1 ¹/₂ tasse) de farine tout usage
- 2 c. à café (2 c. à thé) de levure chimique
- 125 ml (¹/₂ tasse) de babeurre
- 185 g (2 tasses) de noix de coco sucrée (sèche et râpée)

• Préchauffer le four à 180 °C (350 °F). Beurrer ou chemiser 12 moules à muffins. Dans un grand bol, battre le beurre et le sucre jusqu'à épaississement (la couleur doit être pâle). Incorporer les œufs, un à la fois. Incorporer la vanille et les extraits de vanille et d'amande. Tamiser la farine et la levure chimique ensemble sur une feuille de papier ciré (sulfurisé). Incorporer la farine et le babeurre dans les œufs en alternant. Incorporer la noix de coco et remuer. Remplir les moules aux trois quarts.

• Cuire au four de 25 à 30 min, ou jusqu'à ce que les gâteaux soient dorés et qu'une brochette insérée au centre ressorte propre. Laisser refroidir 15 min avant de démouler sur une grille. Laisser refroidir complètement.

Popovers aux poires

12 popovers

- 1 c. à soupe de beurre
- 2 c. à soupe de cassonade, bien tassée
- 1 grosse poire, pelée, évidée et coupée en fines tranches
- 250 ml (1 tasse) de lait
- 3 œufs
- 1 c. à soupe de sucre granulé
- 2 c. à soupe de beurre, fondu et refroidi
- 155 g (1 tasse) de farine tout usage, tamisée
- Sucre glace pour saupoudrer (facultatif)

• Dans un petit poêlon, fondre le beurre et la cassonade à feu moyen. Ajouter les poires et cuire 5 min en les retournant doucement pour bien les enrober de beurre. Retirer du feu. À l'aide d'une écumoire, glisser les poires sur une assiette en laissant le surplus de liquide dans le poêlon.

• Préchauffer le four à 200 °C (400 °F). Beurrer généreusement 12 moules à muffins ou des moules à popovers. À l'aide du mélangeur ou du robot de cuisine, mélanger le lait, les œufs, le sucre et le beurre jusqu'à consistance onctueuse. Ajouter la farine et battre jusqu'à consistance onctueuse en raclant les parois du contenant au besoin. Verser les moules à moitié. Mettre 2 ou 3 tranches de poire au centre de chaque moule.

• Cuire au four de 35 à 40 min, ou jusqu'à ce que les popovers soient dorés et fermes au toucher. Servir les popovers dès leur sortie du four avec un peu de sucre glace au goût.

VARIANTES

• Remplacer la poire par une pomme verte.

• Remplacer la poire par 90 g (3/4 tasse) de petits fruits frais, mais ne pas les faire cuire. Les partager entre les 12 moules juste avant de mettre les popovers au four.

• Ne pas mettre de fruits dans la recette, mais servir plutôt les popovers avec de la confiture.

INGRÉDIENTS

- 1 sachet de 7 g (¼ oz) de levure sèche
- 125 ml (½ tasse) d'eau chaude (43 °C/110 °F)
- 280 g (1 ¾ tasse) de farine tout usage
- 4 œufs
- 60 g (¼ tasse) de sucre
- 1/4 c. à café (¼ c. à thé) de sel
- 125 g (½ tasse) de beurre, à la température ambiante
- 90 g (½ tasse) de petits raisins secs foncés
- 90 g (½ tasse) de raisins secs dorés
- 1 œuf battu avec 1 c. à café (1 c. à thé) de lait

PRÉPARATION

- Mélanger la levure et l'eau dans un grand bol. Bien remuer et laisser reposer 5 min, ou jusqu'à consistance mousseuse. Incorporer 75 g (½ tasse) de farine et remuer pour obtenir une consistance homogène. Incorporer les œufs, un à la fois. Incorporer le sucre et le sel. Dans le même bol, tamiser la farine restante et battre pour obtenir une consistance homogène. Couvrir de pellicule plastique ou avec un linge humide et laisser lever dans un endroit chaud pendant 45 min, ou jusqu'à ce que la pâte ait doublé de volume.

- Préchauffer le four à 200 °C (400 °F). Beurrer 12 moules à muffins ou 12 petits moules à brioches cannelés. (Si on utilise des moules à brioches, les placer sur une plaque à pâtisserie avant de les mettre au four.)

- Battre le beurre dans la pâte levée à l'aide d'une cuillère en bois. Incorporer les raisins secs. Remplir les moules à moitié. Laisser lever à découvert dans un endroit chaud pendant 45 min, ou jusqu'à ce que la pâte ait augmenté du tiers. Badigeonner chaque brioche avec l'œuf battu. Cuire au four 25 min, ou jusqu'à ce que les brioches soient gonflées et dorées. Laisser refroidir 1 ou 2 min avant de démouler sur une grille. Servir les brioches chaudes ou à la température ambiante.

Feuilletés aux framboises et aux amandes

16 pâtisseries

- 125 g (1 tasse) d'amandes tranchées
- 155 g (½ tasse) de confiture de framboises
- 2 feuilles de pâte feuilletée décongelée, coupées en un carré de 25 x 25 cm (10 x 10 po)
- 1 œuf battu avec 1 c. à soupe de lait

- Préchauffer le four à 180 °C (350 °F). Étendre les amandes sur une plaque à pâtisserie et curie au four 10 min, ou jusqu'à ce qu'elles soient dorées. Retirer de la plaque et réserver. Beurrer ou chemiser avec du papier parchemin une plaque à pâtisserie.

- Étendre 75 g (¼ tasse) de confiture de framboises sur chacune des feuilles de pâte feuilletée. Couvrir uniformément avec les amandes. En commençant par un bout, rouler comme un gâteau roulé. Couper chaque rouleau en 8 morceaux de même grosseur et mettre sur la plaque en laissant 5 cm (2 po) entre eux. Badigeonner avec l'œuf battu.

- Cuire au four de 25 à 30 min, ou jusqu'à ce que les feuilletés soient gonflés et dorés. Laisser refroidir sur la plaque 1 ou 2 min avant de les déposer sur une grille. Laisser refroidir complètement.

VARIANTES

- Couvrir la pâte avec de la tartinade au chocolat. Saupoudrer avec 120 g (4 oz) de chocolat mi-sucré râpé et 90 g (¾ tasse) de pacanes hachées. Pour servir, saupoudrer avec un mélange de 1 c. à soupe de poudre de cacao non sucrée et 1 c. à soupe de sucre glace.

- Couvrir la pâte avec 155 g (½ tasse) de confiture de pêches ou de figues et 125 g (1 tasse) d'amandes grillées. Rouler et badigeonner avec l'œuf battu. Saupoudrer les pâtisseries avec 2 à 3 c. à soupe de cassonade avant de les mettre au four.

- Couvrir la pâte avec 155 g (½ tasse) de confiture d'abricots et saupoudrer avec 1 c. à café (1 c. à thé) de cannelle moulue. Ajouter 45 g (¼ tasse) de raisins de Corinthe et 45 g (¼ tasse) d'abricots séchés hachés.

- Couvrir la pâte avec 155 g (½ tasse) de confiture de mûres ou de gelée de pomme. Saupoudrer avec un mélange de 1 c. à café (1 c. à thé) de cannelle moulue, ½ c. à café (½ c. à thé) de cardamome moulue, 1 c. à café (1 c. à thé) de muscade moulue et ½ c. à café (½ c. à thé) de piment de la Jamaïque moulu. Couvrir avec 125 g (1 tasse) de noix finement hachées.

INGRÉDIENTS

- 1 patate douce de 240 g (8 oz)
- 175 ml (³/₄ tasse) de lait
- 470 g (3 tasses) de farine tout usage
- 60 g (¹/₄ tasse) de sucre
- 3 c. à café (3 c. à thé) de levure chimique
- ¹/₂ c. à café (¹/₂ c. à thé) de sel
- 185 g (³/₄ tasse) de beurre très froid
- 90 g (¹/₂ tasse) de petits raisins secs foncés

PRÉPARATION

• Préchauffer le four à 180 °C (350 °F). Mettre la patate douce dans un moule et cuire au four 30 min, ou jusqu'à ce que le centre puisse être percé facilement avec une brochette. Laisser refroidir jusqu'à ce qu'on puisse la manipuler sans se brûler. Peler et réduire la chair en purée avec une fourchette. Incorporer le lait et réserver.

• Préchauffer le four à 220 °C (425 °F). Beurrer ou chemiser avec du papier parchemin une plaque à pâtisserie. Tamiser la farine, le sucre, la levure chimique et le sel ensemble dans un grand bol. Râper le beurre froid dans le bol contenant la farine à l'aide d'une râpe à grands trous. Avec les doigts ou un coupe-pâte, couper le beurre dans la farine pour obtenir des miettes grossières. Incorporer les raisins secs. Ajouter la moitié de la purée de patates douces et remuer à la fourchette. Ajouter la purée restante (60 g/¹/₄ tasse à la fois) en remuant pour obtenir une pâte homogène. Façonner une boule avec la pâte. Sur une surface légèrement farinée, aplatir la pâte en un cercle de 13 cm (5 po). Couper la pâte en 8 pointes et mettre celles-ci sur la plaque à pâtisserie.

• Cuire au four de 20 à 25 min, ou jusqu'à ce que les scones soient gonflés et dorés et qu'une brochette insérée au centre ressorte propre. Laisser refroidir 1 ou 2 min sur la plaque avant de mettre les scones sur une grille. Servir les scones chauds ou à la température ambiante avec du beurre et du miel.

VARIANTES

• Pour faire des scones de blé entier, utiliser 235 g (1 ¹/₂ tasse) de farine de blé entier et 135 g (1 ¹/₂ tasse) de farine tout usage. Augmenter la quantité de beurre à 250 g (1 tasse).

• On peut donner n'importe quelle forme aux scones. Utiliser un emporte-pièce fariné pour les couper en cercles ou en carrés de 5 cm (2 po). Réduire le temps de cuisson de 5 à 10 min si les scones ont moins de 5 cm (2 po).

• On peut remplacer les raisins secs par 2 c. à soupe de basilic frais haché et 2 c. à soupe de tomates séchées conservées dans l'huile, égouttées et hachées. Ne mettre alors que 2 c. à soupe de sucre.

• Presser délicatement 60 g (¹/₂ tasse) de graines de tournesol ou de pignons dans la pâte avant de mettre les scones au four.

BEURRES SUCRÉS ET SALÉS

Beurre de fraises

Mélanger 125 g (4 oz) de beurre à la température ambiante et 2 c. à soupe de confiture de fraises. Ou réduire 4 ou 5 fraises équeutées en purée pour obtenir 60 g ($^1/_4$ tasse de purée). Mélanger avec le beurre et sucrer au goût.

Beurre de banane

Mélanger 4 c. à soupe de beurre à la température ambiante avec une petite banane en purée et 1 c. à soupe de jus de citron ou de lime (citron vert) fraîchement pressé. Ajouter du miel au goût.

Beurre d'orange à l'érable

Mélanger 2 c. à soupe de zeste d'orange finement râpé, 2 c. à soupe de sirop d'érable et 125 g (4 oz) de beurre à la température ambiante.

Fromage à la crème aux framboises

Mélanger 60 g ($^1/_2$ tasse) de framboises fraîches avec 90 g (3 oz) de fromage à la crème à la température ambiante. Ajouter environ 1 c. à soupe de miel, au goût.

Fromage à la crème aux agrumes

Mélanger 90 g (3 oz) de fromage à la crème à la température ambiante avec 2 c. à café (2 c. à thé) de zeste de chacun : orange, citron et lime (citron vert). Ajouter 2 c. à soupe de sucre glace et bien remuer.

Beurre de poivrons rouges

Mélanger 125 g (4 oz) de beurre à la température ambiante avec 2 c. à soupe d'échalotes émincées, 3 c. à soupe de poivrons rouges finement hachés, 2 c. à café (2 c. à thé) de vinaigre balsamique et $^1/_2$ c. à café ($^1/_2$ c. à thé) de poivre moulu.

Beurre de patates douces

Mélanger 3 c. à soupe de purée de patates douces avec 125 g ($^1/_2$ tasse) de beurre à la température ambiante. Ajouter 2 c. à café (2 c. à thé) de sirop d'érable et $^1/_2$ c. à café ($^1/_2$ c. à thé) de poivre moulu.

Beurre d'ail grillé

Mélanger 1 à 2 c. à soupe de purée d'ail grillé avec 125 g ($^1/_2$ tasse) de beurre à la température ambiante.

Beurre de pesto ou de tapenade

Mélanger 90 g (3 oz) de beurre ou de fromage à la crème à la température ambiante avec 1 c. à soupe de (au choix) : pesto de basilic, tapenade (purée d'olives), purée de poivrons rouges ou pesto de champignons sauvages. Ajouter 1 à 2 c. à soupe de parmesan finement râpé au goût.

Beurre de fraises, Beurre de patates douces, Fromage à la crème aux agrumes